Winfried Röser

Praktisches Basiswissen: Ethik

Grundlagen, Methoden und Praxistipps für die Unterrichtsgestaltung

Der Autor

Winfried Röser studierte Lehramt für Grund- und Hauptschulen, ist als Schulleiter tätig und Autor zahlreicher unterrichtspraktischer Veröffentlichungen in den Fächern Ethik, Religion und Deutsch.

Gedruckt auf umweltbewusst gefertigtem, chlorfrei gebleichtem und alterungsbeständigem Papier.

1. Auflage 2016
© Persen Verlag, Hamburg
AAP Lehrerfachverlage GmbH
Alle Rechte vorbehalten.

Das Werk als Ganzes sowie in seinen Teilen unterliegt dem deutschen Urheberrecht. Der Erwerber des Werkes ist berechtigt, das Werk als Ganzes oder in seinen Teilen für den eigenen Gebrauch und den Einsatz im Unterricht zu nutzen. Die Nutzung ist nur für den genannten Zweck gestattet, nicht jedoch für einen weiteren kommerziellen Gebrauch, für die Weiterleitung an Dritte oder für die Veröffentlichung im Internet oder in Intranets. Eine über den genannten Zweck hinausgehende Nutzung bedarf in jedem Fall der vorherigen schriftlichen Zustimmung des Verlages.

Sind Internetadressen in diesem Werk angegeben, wurden diese vom Verlag sorgfältig geprüft. Da wir auf die externen Seiten weder inhaltliche noch gestalterische Einflussmöglichkeiten haben, können wir nicht garantieren, dass die Inhalte zu einem späteren Zeitpunkt noch dieselben sind wie zum Zeitpunkt der Drucklegung. Der Persen Verlag übernimmt deshalb keine Gewähr für die Aktualität und den Inhalt dieser Internetseiten oder solcher, die mit ihnen verlinkt sind, und schließt jegliche Haftung aus.

Coverfoto: © iStockphoto.com/paulaphoto
Grafik innen: Petra Lefin sowie Wibke Brandes (S. 25: Gedankenblase), Melanie Groger (S. 26: Junge vor Mauer, S. 31: Junge, S. 49: Jungen vor Mauer)
Satz: Satzpunkt Ursula Ewert GmbH, Bayreuth

ISBN: 978-3-403-23579-8

www.persen.de

Inhaltsverzeichnis

Vorwort 4

1. Unterrichtsfach Ethik 5

    1.1   Annäherung an den Begriff Ethik 5

    1.2   Themenfelder – Chancen und Grenzen 5

    1.3   Allgemeine Zielsetzung des Ethikunterrichts 6

    1.4   Ethik in der Grundschule 7

2. Planung des Ethikunterrichts in der Grundschule 9

    2.1   Arbeitsplan Klassenstufen 1 und 2 11

    2.2   Arbeitsplan Klassenstufen 3 und 4 17

3. Didaktisch-methodische Grundfragen des Ethikunterrichts ... 24

    3.1   Zugang zum Thema – die Top 10 des Stundeneinstieges ... 25

    3.2   Die Erarbeitung des Themas – die Top 10 der Erarbeitungsphase ... 30

    3.3   Vertiefung/Anwendung – die Top 10 der Abschlussphase ... 37

    3.4   Lernerfolg/Leistungsmessung 43

    3.5   Hausaufgaben 47

    3.6   Aktueller Bezug 51

    3.7   Außerschulische Lernorte/Exkursionen 52

    3.8   Differenzierung 54

4. Epochale Planung des Ethikunterrichts 57

    4.1   Vorstellen einer Unterrichtseinheit in Ethik 57

    4.2   Stationenlernen im Ethikunterricht 59

    4.3   Projektunterricht 70

5. Literaturhinweise 76

Vorwort

Deutsch, Mathematik oder Sachunterricht in der Grundschule zu unterrichten bereitet den meisten Grundschullehrern weniger Probleme, da gerade diese Fächer im Verlauf des Studiums entsprechend begleitet wurden und zusätzlich umfangreiche Literatur hierzu vorliegt. Aber wie sieht es mit den sogenannten Nebenfächern aus? Ethik ist für viele Lehrer gar nicht so einfach zu unterrichten, zumal, wenn sie dabei fachfremd eingesetzt werden.

Auf der anderen Seite ist Ethik ein besonderes und wichtiges Fach im Fächerkanon der Grundschule, geht es hier doch fachlich wie emotional um die bedeutenden Fragen des menschlichen Zusammenlebens. Welche Themen und Kompetenzen, welche Verhaltensweisen und Einsichten sind für die Kinder der jeweiligen Altersstufe wichtig? Rahmenpläne und Curricula geben dazu meist inhaltliche Hinweise, aber Tipps für die didaktisch-methodische Umsetzung, die jedem Lehrer Sicherheit für Planung und Durchführung des Unterrichts liefern, sind eher lückenhaft oder sogar Mangelware.

Dies greift der vorliegende Band „Praktisches Basiswissen Ethik" aus der Reihe „Nebenfächer erfolgreich unterrichten" auf und bietet neben der notwendigen theoretischen Kurzeinführung vor allem praktische Hinweise, die den Lehrer bei seinem Bemühen um einen effektiven, fundierten, ansprechenden und motivierenden Ethikunterricht unterstützen. Der Lehrer findet alles, was er für den täglichen Unterricht benötigt, Vorschläge für die Jahresplanung, Gestaltungsmöglichkeiten für längerfristige Einheiten bis hin zu Tipps für die einzelne Unterrichtsstunde oder -phase.

Alle Hinweise beruhen auf praktischen Erfahrungen sowie unterrichtlicher Erprobung. Sie sind ohne Probleme und spezifisches Fachwissen einsetz- und transferierbar.

1. Unterrichtsfach Ethik

Ethik ist als ordentliches Unterrichtsfach in allen schulischen Lehr- und Bildungsplänen ausgewiesen und hat somit auch seinen festen Platz im Fächerkanon der Grundschule.

1.1 Annäherung an den Begriff Ethik

Ethik gilt als Teilgebiet der Philosophie mit der speziellen Ausrichtung auf das sittliche Verhalten des Menschen. Von seinem Ursprung her kommt der Begriff Ethik von dem griechischen Wort „ethos", das im Singular so viel wie „Wohnung" oder „Aufenthaltsort", im Plural „Gewohnheit", „Sitte" und „Brauchtum" umschreibt.

Im heutigen Gebrauch umfasst Ethik sämtliche Verhaltensweisen, Bräuche und Werte sowie alle sittlichen Ansichten, Wertvorstellungen und Gefühle einer Gemeinschaft. Damit beschreibt Ethik keine universell gültige Ausrichtung, sondern ist immer zeit-, kultur- und traditionsabhängig.

In unserer westlich orientierten Welt fasst Ethik letztlich Handlungsnormen für das gesamte Spektrum menschlichen Lebens zusammen, für das Verhalten des Menschen zu sich selbst, zu der Gesellschaft oder Gemeinschaft sowie zu seiner Umwelt – immer mit der Intention, für ein gutes, gelingendes Leben zu sorgen und damit Regelungen dafür zu schaffen, was als korrekt und akzeptiert gilt und was aus dem Rahmen fällt.

1.2 Themenfelder – Chancen und Grenzen

Die aktuellen Auseinandersetzungen über die Notwendigkeit und Gültigkeit der Menschenrechte (Stichwort: Meinungsfreiheit), Diskussionen über religiöse Grundfragen in den großen Weltreligionen (Stichwort: reformierter Islam), die Akzeptanz und der Zusammenhalt in einer Gesellschaft (Stichwort: Ausländerfeindlichkeit, Demografie) oder extreme Ausprägungen (Stichwort: Islamischer Gottesstaat) zeigen die fundamentale Bedeutung ethischer Grundfragen für das menschliche Zusammenleben.

Zusammenleben in einer Gemeinschaft, egal in welcher Größe und Ausprägung, bedeutet immer die Beachtung von Normen und Regeln, ohne die es keine Freiheit und Wahrheit, keine Hoffnung und Sicherheit, keinen Schutz von Natur, Umwelt und Ressourcen, keine Akzeptanz von Minderheiten und gegenteiliger Meinungen und keine Ablehnung von Gewalt jeder Art gibt. Eine auf breiter Basis akzeptierte Ethik baut auf Postulaten auf, die zumutbar sind, weder praxisfremd noch maßlos oder extrem. Solche zentralen Bausteine sind:
- Streben nach Gerechtigkeit und Gleichheit
- Ablehnung von Gewalt, Not und Schmerz
- Bestärken und Würdigen des Guten
- Mitleid und Hilfsbereitschaft für Notleidende
- Einsatz für Natur und Umwelt

Diese Überlegungen weisen auf die sogenannte „Goldene Regel" als Grundformel der Ethik hin. Diese besagt: Was ihr wollt, dass euch die Menschen tun, das tut auch diesen. Oder im Umkehrschluss ausgedrückt: Was ich vom anderen fordere, muss ich auch bereit sein, diesem zu gewähren. Dieses Prinzip der Wechselseitigkeit beinhaltet Mahnung und Aufforderung, Personen, Sachverhalte und Verhaltensweisen möglichst objektiv zu betrachten und dabei Sichtweisen Bedürfnisse

1. Unterrichtsfach Ethik

oder Wünsche des Gegenübers genauso in den Blick zu nehmen wie die eigenen. Willkürliche Unterschiede zwischen Menschen sind dabei ebenso tabu wie eigennützige Erwartungen an moralische Regeln.

1.3 Allgemeine Zielsetzung des Ethikunterrichts

Ethikunterricht in der Schule stärkt das Bewusstsein und die Sensibilität, dass Menschen – im Gegensatz zu allen anderen Lebewesen auf der Erde – moralische Wesen sind, die eigenständig entscheiden können, die die Fähigkeit besitzen, über die Gründe ihres Handelns zu reflektieren, welche die Mehrdimensionalität des Handelns beachten und von daher ethisch begründete Entscheidungen treffen können. Grundlage hierzu sind die Kenntnis und Bewertung von Pluralität der Wertvorstellungen und Lebensformen und deren Vergleich mit der Zielsetzung, letztlich das Gute und Richtige zu finden und umzusetzen.

Somit leistet der Ethikunterricht seinen fachspezifischen Beitrag zu folgenden grundlegenden Prinzipien:
- eine weltanschauliche Neutralität, aber mit der Zielrichtung: Erziehung zur Menschlichkeit, Demokratie und Freiheit,
- Toleranz und Achtung anderer Überzeugungen und Wertvorstellungen,
- Verantwortung für den Erhalt von Natur und Umwelt,
- Ablehnung gewaltsamer Konfliktlösungsstrategien,
- Auseinandersetzung mit grundlegenden ethischen Problemen des persönlichen Lebens, des gesellschaftlichen Zusammenseins sowie unterschiedlichen Wert- und Sinnangeboten,
- menschliches Handeln in alltäglichen oder existenziellen Formen unter dem Aspekt des gelingenden Lebens sowie der moralischen Basisnormen,
- Orientierung für das eigene selbstbestimmte und verantwortliche Leben und dessen Positionierung.

Unter der Prämisse der Auseinandersetzung mit grundlegenden ethischen Fragen und Problemen des persönlichen Lebens, des menschlichen Zusammenlebens sowie der begründeten Bewertung unterschiedlicher Wert- und Sinnangebote soll der Ethikunterricht folgende zentrale Grundkompetenzen vermitteln:
- Kompetenzbereich **Wahrnehmung und Deutung**, d.h. ethische Probleme sehen, beschreiben und unterschiedliche Interessen deuten
- Kompetenzbereich **Perspektiven übernehmen**, d.h. andere Lebens- und Verhaltensmuster verstehen und bewerten
- Kompetenzbereich **Argumentieren und Urteilen**, d.h. begrifflich erschließen, gewichten und im Hinblick auf die Folgen bewerten
- Kompetenzbereich **Kommunizieren**, d.h. eigene Überzeugungen und Standpunkte zum Ausdruck bringen
- Kompetenzbereich **sich orientieren**, d.h. eigene Wertmaßstäbe entwickeln
- Kompetenzbereich **Handeln**, d.h. die Umsetzung des als richtig betrachteten Verhaltens bei der täglichen Lebensgestaltung

1. Unterrichtsfach Ethik

1.4 Ethik in der Grundschule

Die obigen grundsätzlichen Überlegungen bestimmen auch die Ziele des Ethikunterrichts in der Grundschule, der von den Erfahrungen und Bedürfnissen der Grundschüler ausgeht und auf alters- und kindgemäße Weise Neugierde, erste Einsichten sowie Handlungsalternativen in der ihnen vertrauten Welt anbahnt und grundlegend hilft. Im Mittelpunkt steht der junge heranwachsende Mensch, der langsam in den Fokus des freien und verantwortungsbewussten Handelns geführt wird und der letztlich dazu befähigt werden soll, ethisch zu handeln.

Anknüpfend an die früheren Erfahrungen des Kindes in seiner Familie, in Kita, Hort oder Kindergarten setzt sich der Primarschüler mit seiner individuellen wie sozialen Identität auseinander und entwickelt Sinnfragen, welche die Basis für philosophische Überlegungen und Gespräche initiieren können. Er erfährt eigene Bedürfnisse, Chancen oder Begrenzungen, sieht diese und wird mit deren möglichen Wirkungen konfrontiert. Diese lernt er kritisch zu hinterfragen, um damit seine eigene Identität und Persönlichkeit zu entwickeln und zu stärken.

Durch die Auseinandersetzung mit dem Anderen wird ihm vor Augen geführt, dass jeder als Mitglied von unterschiedlichen sozialen Beziehungen in die Gesellschaft eingebunden ist, die es zu achten, aber auch zu hinterfragen gilt. Dazu zählt auch die Erkenntnis, dass Regeln und Normen, Rechte und Pflichten innerhalb einer Gesellschaft unerlässliche Voraussetzungen für das tägliche Leben darstellen. So werden Verantwortung, Achtsamkeit und Wertschätzung für sich selbst, den anderen und die gesamte Umwelt entwickelt – Grundlagen jedes ethischen Verhaltens.

Hieraus ergeben sich für den Primarbereich folgende prozessorientierte Kompetenzen:

- die **Entwicklung einer Fragehaltung** zu alltäglichen und bedeutenden Fragen des Lebens, verbunden mit der Einsicht, dass nicht alle Fragen eindeutig beantwortbar sind; charakterisiert durch Schlüsselwörter wie: nachdenken, Antworten suchen, Fragen formulieren, analysieren, diskutieren, sich vorstellen, wahrnehmen, sich bewusst werden, urteilen

- die Fähigkeit, **sich selbst** mit den Gefühlen, Erfahrungen und Denkweisen **wahrzunehmen**, diese auch im Kontext zu den Mitmenschen zu sehen und sie in künstlerischer, grafischer oder symbolischer Weise auszudrücken und visualisieren; charakterisiert durch Schlüsselwörter wie: wahrnehmen, staunen, einfühlen, hineinversetzen, Anteil nehmen, Gefühlsausdrücke verstehen und zeigen, ausdrücken

- **Verständnis entwickeln** für Menschen, die anders sind, die aus unterschiedlichen Religionen oder Kulturkreisen stammen und einen toleranten sowie wertschätzenden Umgang mit ihnen praktizieren; so eigene und überlieferte Werte reflektieren; charakterisiert durch Schlüsselwörter wie: Begriffe analysieren, Dialoge führen, Toleranz und Solidarität zeigen, Verständnis entwickeln, Kompromissbereitschaft üben

- sich selbst als **Teil der Natur** sehen, um so ein verantwortungsbewusstes und naturerhaltendes Verhalten zu entwickeln und auszuprägen und seine eigenen Handlungen danach auszurichten; charakterisiert durch Schlüsselwörter wie: wahrnehmen, hinschauen, sich bewusst werden, Umgang lernen, Meinungen entwickeln und sich dafür einsetzen, Regeln verstehen, verinnerlichen und anwenden

- selbstständige **Informationsbeschaffung** zu ethischen Fragen, Bewerten und Analysieren der Informationen aufgrund der eigenen Sachkenntnis, unterschiedliche Meinungen, Ansichten und Ergebnisse abwägen, begründete Entscheidungen treffen und danach zielgerichtet handeln; charakterisiert durch Schlüsselwörter wie: gezieltes Suchen, abwägen, bewerten, Schlussfolgerungen ziehen, Folgen beachten, gegenteilige Meinung achten, verinnerlichen und adäquat handeln

1. Unterrichtsfach Ethik

Die vorgestellten prozessbezogenen Kompetenzen finden ihre Ausprägung durch die folgenden fünf inhaltsbezogenen Themenfelder, die nicht isoliert betrachtet werden dürfen, sondern sich gegenseitig durchdringen und beeinflussen. Diese Themenfelder verstehen sich dabei als Synopse der in den Lehrplänen der Bundesländer geforderten Themenbereiche für den Ethikunterricht an Grundschulen, die damit, je nach Bundesland, variabel zu handhaben sind.

Ich als Person

einmalig sein –
Stärken und Schwächen –
Träume und Realität –
Umgang mit Gefühlen

Miteinander leben

soziale Beziehung und deren Wechselseitigkeit – Kommunikationswege – Umgangsformen und Regeln – Konflikte und Lösung – Freundschaften

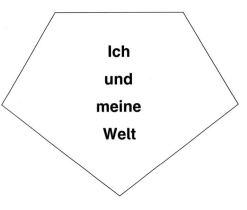

Leben mit der Natur

Staunen über Natur –
Natur in ihrer Vielfalt –
Herausforderung Umwelt –
Umwelt- und Naturschutz

existenzielle Grundfragen

Erfolg und Misserfolg –
Wünsche und Realität –
Lügen und Wahrheit –
Glück und Pech –
gerecht und ungerecht

unterschiedliche Lebensformen

Hauptmerkmale der Weltreligionen –
ihre Gebote und Vorschriften –
religiöse und kulturelle Feste –
Akzeptanz und Solidarität –
Motive unterschiedlicher Lebensweisen

2. Planung des Ethikunterrichts in der Grundschule

Nach den allgemeinen Überlegungen werden in diesem Kapitel die prozess- und themenorientierten Kompetenzen mit den entsprechenden Inhalten ausgefüllt und eine Aufteilung auf die einzelnen Schuljahre vorgenommen.

Dabei bilden jeweils die erste und zweite sowie die dritte und vierte Klasse eine sinnvolle pädagogische Einheit. Natürlich sind die folgenden Aufteilungen Vorschläge, die auf die jeweilige Schule und deren inneren bzw. äußeren Gegebenheiten (Einzugsgebiet, Größe, Ausstattung, Schülergruppen …) abzustimmen und entsprechend zu strukturieren und verbinden sind.

Zu jedem Unterricht, also auch zu Ethik, gehört als Grundlage die Erstellung eines schulinternen Arbeitsplanes unter Berücksichtigung der geltenden Rahmen- und Lehrpläne. Eine solche Planung, die als Fachkonferenzbeschluss für das Kollegium verbindlich ist, ermöglicht sowohl dem Fachlehrer wie auch dem fachfremd eingesetzten Kollegen eine pädagogisch sinnvolle und durchdachte Basis des täglichen Ethikunterrichts – selbst im Falle von Vertretungsunterricht oder Vertretungsstunden.

So werden in dem folgenden exemplarisch dargelegten Arbeitsplan stichpunktartig die Themenfelder benannt, die sie konkretisierenden Kompetenzen aufgeführt und mögliche Umsetzungsimpulse angedeutet. Bei den Umsetzungsimpulsen findet sich für einige Beispiele ein Hinweis auf eine praktische Ausarbeitung im Kapitel 3: didaktisch-methodische Grundfragen des Ethikunterrichts in Form eines in Klammern gesetzten Signums. So bedeutet z. B. (K 1.3 – 3.1.1): praktisches Beispiel zum Kompetenzfeld Thema 1.3, im Abschnitt 3.1.1.

Auf eine zeitliche Fixierung in Form von Wochenstunden wird verzichtet, da jeder Ethiklehrer eigene Schwerpunkte setzen sowie situations- und umfeldbezogene Bedingungen jederzeit berücksichtigen sollte. So erfordert z. B. ein besonderes Ereignis wie der Amoklauf an einer Schule, der Tod eines Mitschülers oder die Eingliederung von Kindern aus Asylbewerberfamilien eine Aufarbeitung im täglichen Ethikunterricht, die nicht langfristig vorgeplant werden kann, für die aber im oder im Anschluss an das jeweilige Themenfeld Freiraum bereitsteht.

Begründung der ausgewählten Themenfelder

Der Grundschüler soll sich mit den im Kapitel 1.4 angerissenen Themenfeldern im Ethikunterricht auseinandersetzen. Dabei lassen sich die Themenbereiche für den gesamten Ethikunterricht der Grundschule wie folgt begründen und als Leitkompetenz formulieren.

Themenfeld: Ich als Person

Der Schüler der Grundschule steht in der ständigen emotionalen Auseinandersetzung mit sich und seiner, in der Regel zunächst heimatbezogenen Umwelt. Dabei erfährt und lernt er, seine individuellen Fertig- und Fähigkeiten zu sehen, zu verbalisieren und zu vergleichen sowie die eigenen Stärken und Schwächen zu erfahren und damit umzugehen. Ziel ist die Ausprägung des eigenen Ichs und der Aufbau eines positiven Selbstbildes, auch durch den Einbezug und die Hinterfragung erlebter Gefühle bei sich und den anderen.

2. Planung des Ethikunterrichts in der Grundschule

Themenfeld: Miteinander leben

Die Erfahrung, dass der Mensch ein soziales Wesen ist und jedes Zusammenleben in einer Gemeinschaft stattfindet, erfährt der Grundschüler zunächst im familiären Umfeld, später dann durch seine Rolle und Mitgliedschaft in unterschiedlichen Gemeinschaften wie Kindergarten, Verein oder Schule. Dabei sollte ihm bewusst werden, dass Umgangsformen und Regeln für ein möglichst konfliktfreies Miteinander unerlässlich sind, dass man sich um dieses bemühen und sich für dieses einsetzen muss, sogar in der „idealen" Gemeinschaftsform: der Freundschaft.

Themenfeld: Leben mit der Natur

Die staunende Neugierde, mit der das Kleinkind die Natur erlebt, sieht und betrachtet, wird in der Grundschulzeit differenziert und systematisiert. Natur in ihrer mehrdimensionalen Vielfalt als Lebensgrundlage für den Menschen zu akzeptieren, zu bewahren, zu schützen sowie sich bewusst und aktiv dafür einzusetzen, sind die Kernintentionen dieses Themenfeldes. Darin eingeschlossen ist auch die kritische Auseinandersetzung mit allem naturschädigenden Verhalten des Menschen.

Themenfeld: existenzielle Grundfragen

Zu den Grunderfahrungen menschlichen Lebens gehören Höhen und Tiefen, die selbst das Kleinkind vor allem emotional schon miterlebt hat. Diese Gegenseitigkeit oder Polarisierung drückt sich in den sogenannten existenziellen Grundbedürfnissen aus, die im Alltag allzu oft ein ständiges Auf und Ab implizieren. Es ist dem Grundschüler bewusst zu machen, dass unbeschwerte Höhen, aber auch total belastende Tiefen nebeneinander bestehen und jeden treffen können. Wichtig ist dabei insbesondere, dass man diese Tatsache nicht als unabänderlich annehmen muss, sondern damit kreativ und überwindend umgehen kann.

Themenfeld: Unterschiedliche Lebensformen

Spätestens in der Grundschule erfahren die Schüler, dass ihr Leben in einer multikulturellen Gesellschaft mit unterschiedlichen Religionen, kulturellen Ausprägungen bzw. Lebensformen stattfindet. Von daher ist es unerlässlich und lebensbewältigend wichtig, unterschiedliche religiöse und weltanschauliche Sichtweisen zu gewinnen, zu vergleichen sowie diese zu hinterfragen, um so insbesondere eine positive Haltung zu Toleranz und Solidarität zu entwickeln.

2. Planung des Ethikunterrichts in der Grundschule

2.1 Arbeitsplan Klassenstufen 1 und 2

Aufbauend auf den vorherigen Überlegungen ergeben sich für die Klassenstufen 1 und 2 folgende Vorschläge:

Themenfeld	Kompetenzfeld	Umsetzungsimpulse
1. Ich als Person Ich bin einmalig (2.1.1)	– sich selbst in seiner Einmaligkeit wahrnehmen – Selbstvertrauen entwickeln und aufbauen – erfahren und verstehen, wie andere mich sehen und damit umgehen	– Mein persönlicher Steckbrief: „Hallo, das bin ich", mein Spiegelbild **(K 2.1.1–3.2.2)** – Handabdruck: Jeder ist anders; ein Klassenmobile – Siehst du mich auch so? (Befragungsspiel: Wer könnte das sein?
Stärken und Schwächen (2.1.2)	– eigene Stärken und Schwächen erspüren, beschreiben und bewerten – Vertrauen in die eigenen Fähigkeiten gewinnen – bereit werden, gegen Schwächen anzugehen	– Meine Erfolgswolke: Das kann ich gut – Mein Handicap: Das muss ich lernen – Spiel: Das bin ich gerne – das mag ich nicht – Zeichnung: Das könnte mir helfen
Träume und Realität (2.1.3)	– eigene Wünsche und Träume wahrnehmen und auf Realisierbarkeit prüfen – Träume in Form von Farben, Musik, Bewegung darstellen und interpretieren	– Wunschwolke ausfüllen **(K 2.1.3–3.1.1)** – Traumwelt zeichnen, basteln – Gegensatzpaar: Wunsch – Wirklichkeit im Spiel oder als Symbol – Seifenblasenspiel: zerplatzte Träume
Umgang mit Gefühlen (2.1.4)	– Grundgefühle wie Freude, Trauer, Liebe, Hass, Angst, Glück, Wut ... beschreiben, fühlen und ausdrücken – mit angenehmen und unangenehmen Gefühlen umgehen und jonglieren	– Gefühlsthermometer zur Selbstkontrolle – Rollenspiele: Angst überwinden, Freude ausdrücken – ... – Mut-, Angst-, Trauergeschichten – Gesichtsausdrücke deuten, Gefühle in Bewegung umsetzen
2. Miteinander leben Soziale Beziehungen und deren Wechselwirkung (2.2.1)	– Formen von Gemeinschaft kennen und bewerten – soziale Beziehungen erleben und bewusst befragen – die Notwendigkeit sozialer Beziehungen verstehen und visualisieren – die Wechselseitigkeit erfahren (du für mich, ich für dich)	– **Mind-Map** zu Familie (Schule) erstellen **(K 2.2.1–3.1.2)**, Wunschwolke: Meine ideale Familie, – Familie (Schule) von A-Z – Pantomime: gemeinsam geht es besser – Abfrage: Einzel- oder Geschwisterkind, Wendetafel: eine Seite du für mich, die andere Seite ich für dich

Winfried Röser: Praktisches Basiswissen: Ethik
© Persen Verlag

2. Planung des Ethikunterrichts in der Grundschule

Themenfeld	Kompetenzfeld	Umsetzungsimpulse
Kommunikationswege (2.2.2)	– unterschiedliche Formen der Kommunikation erleben und lernen – erfahren, dass Worte und Gesten guttun, aber auch verletzen können – sich in den anderen hineinversetzen – eigene Meinung formulieren und vertreten	– Zeichen und Symbole zum Mitteilen und Verständigen – Kommunikationsspiele, z. B. Flüsterpost, Rede-Antwort ... – Streit-, Lach- und Weingesichter deuten – Bildcollage als Formulierungshilfe anbieten
Umgangsformen und Regeln (2.2.3)	– Regeln und Pflichten in der Gemeinschaft nachvollziehen und aufstellen – Regeln aus unterschiedlichen Bereichen abwägen – Regelüberschreitungen erfahren und deren Konsequenzen erspüren – sich mit anderen Umgangsformen auseinandersetzen	– Klassenregeln in der Gruppe aufstellen – Fantasie: Eine Welt ohne Regeln – Verhaltenskataloge erlaubt – nicht erlaubt – Blitzlicht: Umgangsformen – Umgangsformen spielen und bewerten – Entschuldigungsbrief schreiben oder zeichnen
Konflikte und deren mögliche Lösung (2.2.4)	– eigenes Fehlverhalten bemerken und einsehen – mit Fehlern anderer konstruktiv umgehen – typische Konflikte im sozialen Miteinander nennen, zeichnen und bewerten – Wege zur Versöhnung bzw. Wiedergutmachung anbahnen und verstehen	– Spiel: Typische Streitsituationen – Konflikt-Versöhnungstagebuch führen – Collage: Überall ist Streit/Versöhnen – Fallbeispiel: Ich bin schuld (evtl. als Comic) – Versöhnungsgesten und Worte in ihrer Wirkung spielen, zeichnen, basteln
Freundschaften (2.2.5)	– über die Bedeutung von Freundschaft sprechen und nachdenken – Freundschaft in ihren Grenzen sehen – erfahren, dass Freundschaft Anforderungen an mich stellt – echte und gespielte Freundschaft empfinden und abwägen	– Bausteinhaus: gute Freunde – Bruchstein: schlechte Freunde – Entscheidungsspiele und Geschichten zu Freundschaft – Elfchen zu Freundschaft schreiben und gestalten – Schnipselbild Freundschaft (**K 2.2.5–3.3.2**)
3. Leben mit der Natur Staunen über die Natur (2.3.1)	– die Natur in ihren vielschichtigen Ausdrucksformen bewundern – zwischen belebter und unbelebter Natur unterscheiden – Natur bewusst wahrnehmen, deuten und entsprechende Gefühle zeigen – Natur im Wechsel der Jahreszeiten erleben und mitteilen – Werden und Sterben in der Natur beschreiben, erleben und empfinden	– überraschendes aus der Natur sammeln und vorstellen – Blitzlicht: Natur zeichnen oder schreiben – Bildfolge: Ein Tier erzählt aus seinem Leben (**K 2.3.1–2.3.4**) – Natur beim Wachsen beobachten – Bilderbuch erstellen: Ich staune über die Natur, Rollenspiel: Auch ich bin ein Teil der Natur – Jahreszeiten in der Natur (Tagebuch)

2. Planung des Ethikunterrichts in der Grundschule

Themenfeld	Kompetenzfeld	Umsetzungsimpulse
Natur in ihrer Vielfalt (2.3.2)	– die Vielfalt der Natur sehen, entdecken und spüren – Naturphänomene beobachten – Naturkatastrophen erfahren und einordnen – erkennen und nachvollziehen, dass der Mensch die Natur nutzt – Veränderungen der Natur durch den Einfluss des Menschen erfahren und begleiten	– kreatives Arbeiten mit Naturmaterialien – Sprechblase: Was würde die Natur dazu sagen, Lieder zur Natur (Jahreszeitenlied) – Erscheinungsbilder der Natur (Regenbogen, Orkan, Flut) in Gruppen erarbeiten – eine Jahreszeit mit allen Sinnen als Gruppenbild (sehen, schmecken …) erleben – Vielfaltliste: Was gehört alles zur Natur? – Gegensatzerlebnisse: Natur schön – Natur schrecklich
Herausforderung Umwelt (2.3.3)	– erfahren und spüren, dass der Mensch die Umwelt formen und gestalten kann – die Ausbeutung des Menschen in Bezug auf Umwelt und Natur wahrnehmen – einsehen, dass jeder Mensch eine intakte Umwelt zum Leben braucht – Abhängigkeit von Natur und Umwelt verstehen und nachempfinden	– Bildersammlung: Heile Umwelt – kranke Umwelt, Fantasiereise: Gesunde Umwelt – Tagebucheintrag: Wie wirkt die Umwelt auf dich? (zeichnerisch, schriftlich) – Das ist verboten: Umweltsünden sammeln, zeichnen und ordnen – Müllsammelaktion starten oder begleiten – umweltgerechte Schule gestalten
Umwelt- und Naturschutz (2.3.4)	– Beispiele für Natur- und Umweltschutz erfahren und umsetzen – Bewusstsein für den Erhalt der Umwelt anbahnen – einsehen, dass jeder am Erhalt der Umwelt mithelfen kann – verstehen, dass jeder noch so kleine Beitrag der Natur und Umwelt hilft, Umweltschutz aktiv mittragen	– Sortierkisten für Müll entwerfen; besondere Aktionen: Biotop, Reinigungstag …, Projekt: Papierschöpfen als Beitrag zum Umweltschutz – Wunschzettel der Natur: Meine Wünsche an die Menschen – Hitliste: Kinder helfen der Natur (**K 2.3.4–3.3.4**) – Streitthema: Wiese zum Spielen oder notwendiger Lebensraum
4. Existenzielle Grundfragen Erfolg und Misserfolg (2.4.1)	– Erfolge und Misserfolge als typisch menschlich erfahren und verstehen – Gefühle bei Erfolg/Misserfolg spüren, ausdrücken und nachvollziehen – bewusst machen, dass man sich gegen Misserfolg stellen kann – einsehen, dass der Erfolgreiche dafür etwas tun muss	– Stegreifspiel: Das hat geklappt, das war Mist; Fantasiereise: Erfolg auf der ganzen Linie; Stimmungsbild mit farbigen Motiven über Erfolg, Misserfolg erstellen – Elfchen zum Wort gewonnen/verloren – Gedankenblasen ausfüllen – Mauersteine bemalen: Meine Erfolge – Zeichensprache: Erfolg/Misserfolg

2. Planung des Ethikunterrichts in der Grundschule

Themenfeld	Kompetenzfeld	Umsetzungsimpulse
Realität und Wunschdenken (2.4.2)	– eigene Wünsche wahrnehmen, beschreiben und bewerten – merken, dass Träume für das Leben wichtig sein können – Gefahren sehen und diese nachempfinden (über ein Leben in einer Traumwelt) – sich bewusst für das Erreichbare entscheiden – merken und verstehen, dass man nur in der Realität lebt	– Wunschkarte gestalten (für sich selbst, den Freund); Fantasiebild: Mein Land der 1000 Träume – Wendetafel: Realität oder Wunsch **(K 2.4.4–3.2.6)** – Kleidungsstück ausgestalten: Meine Wirklichkeit; Sonnenstrahlen bemalen: Meine erreichbaren Ziele; Abstimmung mit Füßen: Das ist möglich, das sind Träume
Lüge und Wahrheit (2.4.3)	– Lügen als bewusstes Falschsagen erkennen und ablehnen – Gefühle beim Lügen nachvollziehen und kreativ ausdrücken – erfahren, dass Flunkern oder Schwindeln menschlich sind – darüber nachdenken, warum Menschen lügen – bewusst werden, dass die Wahrheit innerlich befreit – Wahrheit als wichtiges Element des Lebens erkennen und danach handeln	– eine Lügengeschichte, ein Lügenbild zeichnen – Rollenspiel: Emma hat gelogen – Ankreuzliste: flunkern erlaubt – schlecht – Sprichwörter über Lügen zeichnen oder Zeichnungen erklären – Ursachen des Lügens in Geschichten finden – Tagebuch: Ich habe die Wahrheit gesagt, jetzt geht es mir besser – Gesprächskreis: Wahr oder nicht wahr?
Glück und Pech (2.4.4)	– Erscheinungsformen von Glück empfinden und kreativ gestalten – verstehen, dass Glück für jeden etwas anderes bedeuten kann – zwischen Glück und Pech unterscheiden können und dies nachempfinden – Verhaltensweisen gegen Pech erfahren, bewerten und verinnerlichen	– eine Glückskiste packen **(K 2.4.4–3.1.5)** – Tagebucheintrag: ein glückliches Ereignis/ein Pechtag zeichnen oder beschreiben – ein Gesellschaftsspiel spielen – Bilder von glücklichen/unglücklichen Kindern; Glückshand ausgestalten (Wünsche auf die Finger schreiben), Gedankenblasen zu „So ein Pech" gestalten, Waagebild: Glück und Pech gibt es immer
Ungerechtigkeit und Gerechtigkeit (2.4.5)	– Empfinden bei gerechtem/ungerechtem Verhalten emotional ausdrücken – Formen von gerechtem/ungerechtem Maßnahmen erfahren und ausdrücken – bestärkendes Handeln bei gerechtem, wiedergutmachendes Bemühen bei ungerechtem Verhalten sehen und akzeptieren – Gerechtigkeit als positiven Charakterzug eines Menschen sehen und achten	– Tagebucheintrag oder Spielszene: Das war ungerecht – Verhaltensweisen im Spiel darstellen und bewerten; Bildfolge: Gerecht handeln kann schwer sein; Blick aus dem Fenster zeichnen oder schreiben: Vieles ist ungerecht – Koffer packen: Gerecht ist, wenn ... – Kartencluster: Verhalten nach gerecht/ungerecht bewerten

2. Planung des Ethikunterrichts in der Grundschule

Themenfeld	Kompetenzfeld	Umsetzungsimpulse
5. Unterschiedliche Lebensformen Hauptmerkmale der Weltreligionen – ihre Gebote und Riten (2.5.1)	– sehen und fragen, warum und woran Menschen glauben – Informationen über Religionen (Christentum, Islam) erhalten und nachvollziehen – typische religiöse Ausdrucksformen miterleben und wiederfinden – religiöse Symbole und Zeichen kennenlernen, bewerten und ausgestalten – besondere Gebote von Religionen erfahren, zuordnen und nachempfinden – Zusammenhang zwischen religiöser Tradition und dem täglichen Leben sehen und spüren	– Eltern, Großeltern über ihren Glauben befragen – Live-view: Gebetshaltungen im Islam **(K 2.5.1–3.3.8)** – Unterrichtsgang in die Kirche, Moschee, auf den Friedhof … oder Bildbetrachtung – Gebete mit Gesten untermalen und ausdrücken, ein Gebet lernen – Gedankenspiel: Kein Christkind – kein Weihnachtsfest – Fantasiezeichnung: So ist Gott! – Fasten im Schuhkarton: Ich sammle, worauf ich verzichtet habe – Montagsmaler: Religiöse Symbole – Tagebuchbericht: In Mekka, in Rom …
Religiöse und kulturelle Feste (2.5.2)	– Notwendigkeit und Bedeutung von Festen erfahren und nachempfinden – wichtige Feste unseres Kulturkreises bewusst machen und deuten – Feste anderer Kulturkreise kennenlernen und deren Sinn verstehen – Feste als gemeinschaftsförderend ansehen und daran Anteil nehmen – Feste kreativ mitgestalten, vorbereiten, dekorieren und durchführen	– Erntedankfest vorbereiten und durchführen – Bilder zu Festen zeichnen oder suchen – Collage erstellen: Weihnachten, Ostern, Zuckerfest – Festkalender entwerfen, gestalten – Elfchen zum Geburtstag, Tagebuchgestaltung: Ein gelungenes Fest – Museumsrundgang: Einladungsgestaltung zu unterschiedlichen Festen **(K 2.5.2–3.2.8)** – Fantasiereise: Ein eigenes Fest erfinden, Festkleidung (oder Bilder) sammeln, mitbringen
Motive unterschiedlicher Lebensformen (2.5.3)	– mythische Geschichten/Berichte kennenlernen und als Ursache für vergangene Lebensformen sehen – mythische Erzählungen ausgestalten und spielerisch bewältigen – Gemeinsamkeiten und Unterschiede in Lebensformen sehen und nachempfinden – erfahren, dass Menschen in verschiedenen Kulturkreisen ihr Leben unterschiedlich gestalten – Offenheit entwickeln für unterschiedliche Lebenspraktiken, diese darstellen und künstlerisch bewältigen – über die eigene Lebensweise nachdenken und eine eigene Meinung dazu entwickeln	– Erfahrungsbericht: Mein Nachbar lebt anders – Rollenspiel: Adam und Eva im Paradies – Fotocollage: Familien heute (alleinerziehend, ein Kind …), Wunschwolke: So will ich leben – Fallbeispiele: Leben in Afrika, Europa … – Überzeugungsspiel: Das Leben ist besser – Märchenwelt gegen reale Welt, zeichnen, gestalten, werken – Stegreifspiel: Ich als König, Bettler … – Befragung: Meine Familie – deine Familie – Ankreuzliste: Was alle Kinder möchten – Schnipselbild: Meine liebste Lebensform

2. Planung des Ethikunterrichts in der Grundschule

Themenfeld	Kompetenzfeld	Umsetzungsimpulse
Akzeptanz und Solidarität (2.5.4)	– Akzeptanz des anderen als Grundlage menschlichen Zusammenlebens erfahren – anderen Menschen in ihrer Unterschiedlichkeit und in ihren Ansichten solidarisch begegnen – solidarisches Verhalten verstehen, üben und verinnerlichen – erfahren, dass Solidarität manchmal schwer ist und sich trotzdem dafür einsetzen – Nein sagen zu antisolidarischem Handeln üben	– Bildbetrachtung: Der ausgestoßene Junge – Geschichte: Ich halte zu dir – Gemeinschaftsaktion: Alle machen mit beim Klassenfest, Zeichnung entwerfen/solidarisch sein – Entscheidungsspiel: WWW-Methode (**K 2.5.4–3.1.7**) – Märchen: Der alte Großvater und sein Enkel spielen – Solidaritätsblumen ausmalen; Brief entwerfen: Ich sage dir etwas Nettes – Comic: Der braucht dringend Hilfe – Cluster: Solidarisch/nicht solidarisch an Situationsbeispielen – Traumbild: eine Welt, in der sich alle verstehen

2. Planung des Ethikunterrichts in der Grundschule

2.2 Klassenstufen 3 und 4

Themenfeld	Kompetenzfeld	Umsetzungsimpulse
1. Ich als Person		
Ich bin einmalig (2.1.1)	– eigene Denk- und Handlungsweisen erkennen und individuelle Lebensgestaltung entwerfen – den eigenen Körper bewusst wahrnehmen – persönliche Stimmungen und Bedürfnisse empfinden und ausdrücken	– Spielsituation: Das ist typisch für mich – Stimmungsbarometer zur Selbsthilfe – Symbolliste über Stimmungen erstellen – Entwicklungstabelle (Baby, Kleinkind, Schulkind) anlegen – Verhaltensprofile analysieren (selbst Zwillinge sind verschieden)
Stärken und Schwächen (2.1.2)	– Vertrauen in die eigenen Fähigkeiten verstärken – Grenzen austesten und überwinden – erfahren, dass man sich ändern kann – empfinden von An- und Entspannung	– Situationsanalyse **(K 2.1.2–3.3.1)** – Profilblatt: Stärken – Schwächen (so sehe ich mich, so sehen mich die anderen) – Vorsatzentwurf: Das will ich ändern – Collage menschlicher Stärken/Schwächen
Träume und Realität (2.1.3)	– eigene Gedanken und Ideen für Gegenwarts- und Zukunftsfragen entwickeln – Gegensatz zu realisierbaren Wünschen und Träumen verstehen – Wünsche argumentativ-kreativ gestalten – ideelle und materielle Welt unterscheiden	– Traumwelt – Realitätswelt basteln, werken – Ideenplan für die Gegenwart: Das wäre gut – Fragebogen: Paradiestraum – Albtraum – Handlungsblatt: 3 Wünsche für Zukunft – Rollenspiel: Ideelle – materielle Werte
Umgang mit Gefühlen (2.1.4)	– Gefühle beim anderen entdecken und angemessen reagieren – Ausdrucksformen für Gefühle benennen – bewusster Umgang mit Gefühlen lernen – Konsequenzen eigener Willensentscheidung spürbar machen	– Arbeit mit Situationskarten und Rollenspiel **(K 2.1.4–3.2.1)**; auf Wolken schweben, am Boden sein – symbolische Darstellung von Gefühlen (Angstgesicht) – situationsbezogenes Entscheidungsspiel: Das war meine Entscheidung – Assoziationen zu Gefühlen festhalten

2. Planung des Ethikunterrichts in der Grundschule

Themenfeld	Kompetenzfeld	Umsetzungsimpulse
2. Miteinander leben Soziale Beziehung und deren Wechselwirkung (2.2.1)	– Gemeinschaftsformen kritisch hinterfragen – erfahren und spüren, dass Menschen aufeinander angewiesen sind – nachempfinden, dass gemeinschaftlich manches leichter wird – Notwendigkeit der Sorge für den Mitmenschen erfassen und verinnerlichen – Tod und Trauer als Teil des Miteinanders verstehen, in einer extremen Situation nachempfinden und bewusst praktizieren	– Situationsbewältigung: alleine/gemeinsam – Pantomime: So wirkt dein Verhalten – Notgeschichten, Sorgentelefon spielen, Antwort schreiben – Tagebuchanalyse: Wir sind aufeinander angewiesen – Trost als Antwort auf Trauer in verschiedenen Ausdrucksformen **(vgl. Projekt, Kapitel 4.3.1)**
Kommunikationswege (2.2.2)	– Bedeutung der Kommunikation für das soziale Miteinander erfahren – wohlwollende, verletzende Worte, Gesten, Handlungen wahrnehmen und empfinden – Formen der Kommunikation sehen und deuten (Zeichen, Körpersprache, ...) – Kommunikationsschritte trainieren und verinnerlichen	– Gesprächskreise zu Schlagwörtern – Positiv-, Negativliste erstellen, verletzende/wohlwollende Kommunikation – Rollenspiel: Redewendungen, Gesten passend einbringen – Dialoge führen zu vorgegebener Situation (Bild, Film, Zeichnung, ...) – Spiel: Auf Provokation reagieren
Umgangsformen und Regeln (2.2.3)	– verinnerlichen, dass Regeln/Pflichten zu einer Gemeinschaft gehören – Konsequenzen bei Regelverstößen erfahren, spielen, hinterfragen – sensibel werden für unterschiedliche Umgangsformen, Toleranz oder Ablehnung – Notwendigkeit von Menschen-, Kinderrechten erfahren, bewusst halten – Goldene Regel kennen und bewerten	– Memospiel: Situation – Regel – Fallanalyse: Das gibt's bei uns nicht – Kartencluster: Regeln sinnvoll – unsinnig **(K 2.2.3–3.3.3)** – Top 10 der Kinderrechte – Karikatur oder Spiel: Goldene Regel **(s. Stationenlernen im Abschnitt 4.2.2)** – Tagebuch: gelungene/misslungene Umgangsformen – Schilderwald: Überflüssige Regeln
Konflikte und deren mögliche Lösung (2.2.4)	– Fehlverhalten bei sich selbst und anderen sehen, nachvollziehen und bedauern – Konflikte bewusst wahrnehmen und hinterfragen – Lösungsstrategien zu Konflikten erarbeiten und anwenden – Kompromissbereitschaft als grundlegendes Kriterium der Konfliktbewältigung verinnerlichen	– Collage: Konflikte aus aller Welt – Placemat: Wir suchen den besten Kompromiss (Fall: Verpetzen) – Rollen-, Stegreifspiel: Fehlverhalten bei mir, beim anderen – 4-Ecken-Spiel: 4 Konflikte, 4 Lösungen in Kleingruppen **(K 2.2.4–3.2.3)** – Top 10 des richtigen Streitens

2. Planung des Ethikunterrichts in der Grundschule

Themenfeld	Kompetenzfeld	Umsetzungsimpulse
Freundschaften (2.2.5)	– über die Bedeutung von Freundschaft nachdenken – sich mit Vorbehalten von Freunden auseinandersetzen – Freundschaft als belebendes/hemmendes Element erfahren und hinterfragen – Voraussetzungen, Kriterien, Ausschlussgründe für Freundschaft erfahren, fühlen, bewerten	– Assoziation: Mein idealer Freund (**K 2.2.5–3.1.3**) – Situationsanalyse: Freund – Kumpel – Stegreifspiel: Dazu sag ich nein – Plädoyer für Freundschaft – Bildcollage: Arten von Freundschaft – Stolpersteine aufbauen; das spricht gegen Freundschaft halten – Freundschaftsband knüpfen
3. Leben mit der Natur Staunen über die Natur (3.2.1)	– Natur gefühlsmäßig erfassen und ausdrücken (Sprache, Bild, Werkstück) – belebte und unbelebte Welt sehen, einordnen und hinterfragen – Werden und Vergehen als naturgegeben empfinden und hinterfragen – Vorstellungen und Fantasien zur Natur entwickeln – Lebenselemente (Feuer, Erde, Luft) in ihrem Zusammenhang erfahren	– Gedicht (z. B. Elfchen) über Natur erfassen – Mindmap zur Natur: belebt – unbelebt – Ratefix: Ich sehe etwas, was du nicht siehst (**K 3.2.1–3.1.4**) – Tagebuch: Mein Hund ist gestorben; mein Häschen hat Junge – Berichtbogen: Naturbelassenes Wachsen – die Natur funktioniert auch ohne uns – Sachtexte zur Luft und Sauerstoff bearbeiten
Natur in ihrer Vielfalt (3.2.2)	– die Entstehung und Bedeutung der Natur hinterfragen und bewusst sehen – Positionen der Naturethik erfahren und eigene Meinung dazu bilden – verstehen, dass Natur für alle da ist, auch für die nachfolgenden Generationen – Natur mit Symbolen erschließen – Natur als Gestaltungsauftrag erfahren und sich dafür einsetzen	– fiktives Gespräch mit der Natur führen – Naturkreislauf zeichnen, werken, gestalten – Blitzlicht Natur: Erschreckende Bilder – Assoziationsstern ausfüllen: Das alles ist Natur (**K 3.2.2–3.2.5**) – Fallstudien: So wirkt die Natur auf mich (z. B. Regen im Urlaub, Sonnenschein …) – Symbole zur Natur sammeln, entwerfen – Zeitreise: Als Opa klein war – Natur früher erleben
Herausforderung Umwelt (3.2.3)	– verantwortungsvolles Verhältnis zur Umwelt erkennen und entwickeln – Zusammenhang Natur – Umwelt bewusst erleben, hinterfragen und verinnerlichen – einsehen, dass eine intakte Umwelt für alle Weltbewohner unerlässlich ist – Proteste gegen Umweltverschmutzung und Gefährdung verstehen, analysieren und kritisch begleiten	– Rollenspiel: Spielplatzbau gegen Trockenlegung von Feuchtgebiet – Szenario einer Umweltkatastrophe betrachten und entwickeln (Bild, Geschichte, Spiel), Beobachtungsaufgabe: Schädigendes Umweltverhalten notieren – Karikaturen zur zerstörten Umwelt erläutern und entwerfen – spektakuläres Wissen über Umweltfakten (Banane mit 1000 km Transportweg)

2. Planung des Ethikunterrichts in der Grundschule

Themenfeld	Kompetenzfeld	Umsetzungsimpulse
Umwelt und Naturschutz (3.2.4)	– eigenes Verhalten zu Natur um Umwelt kritisch bewerten – Umwelterhaltung als ethische Grundfrage erfahren und verinnerlichen – überlegen, was man selbst zum Schutz der Umwelt beitragen kann – Natur- und Tierschutzmaßnahmen erkennen, deuten und bewusst verfolgen	– Mangelliste Umweltverhalten erstellen – Berichte zu umwelterhaltenden Maßnahmen aus Medien sammeln – Top 10 der größten Umweltvergehen des Menschen, Vision einer heilen Umwelt entwickeln – Umwelttagebuch führen: Gut gemacht – schlecht gemacht – Memospiel herstellen; umweltschädigendes/umweltschützendes Verhalten **(K 3.2.4 – 3.3.5)**
4. Existenzielle Grundfragen Erfolg und Misserfolg (4.2.1)	– Zusammenhang zwischen persönlichen Stärken und Erfolg erfahren und akzeptieren – sehen, dass Misserfolg oft durch individuelle Schwächen begründet ist – Maßnahmen zur Überwindung von Misserfolg erfahren, spüren, hinterfragen – sachgerechtes Verhalten bei Erfolg/Misserfolg ausprobieren und bewerten – einsehen, dass Misserfolg nicht zwangsläufig kommt	– persönliche Erfolgs-/Misserfolgsliste erstellen, Fallbeispiel analysieren: Der typische Verlierer – Akrostichon zum Wort „erfolgreich" **(K 4.2.1 – 3.3.7)** – Trostbrief nach Misserfolg schreiben – Mutmachsprüche formulieren – Fuß-/Handabdruck gestalten: Erfolg heißt ... – Collage: Erfolgreiche Menschen – Mauersteine bemalen, beschriften: Das sind Misserfolge
Realität und Wunschdenken (4.2.2)	– Wünsche/Träume und ihren Einfluss auf die Lebensgestaltung spüren und hinterfragen – Wesensmerkmale realer und träumerischer Lebenswelten unterscheiden und begreifen – zwischen Realität und Wunschdenken unterscheiden und entsprechende Entscheidungen treffen – Gefahren nachvollziehen, die aus einer Welt des Wunschdenkens kommen	– Geschichte erfinden: Der ewige Träumer – Comic zeichnen: Die Realität holt mich ein – Vorsatz für das neue Jahr – Wendetafel: Verhalten, Maßnahme Realität oder Wunschtraum – Symbolleiste erstellen: Das kann ich erreichen – Regale ausgestalten: Traumregal – Realitätsregal – Fallbeispiele: Wunschdenken gefährdet

2. Planung des Ethikunterrichts in der Grundschule

Themenfeld	Kompetenzfeld	Umsetzungsimpulse
Lüge und Wahrheit (4.2.3)	– Lügen als bewusstes Falschsagen gegenüber Schwindeln abgrenzen – erfahren, dass sich Lügen nicht lohnen und ein solches Verhalten ablehnen – über die Notwendigkeit von Notlügen diskutieren und seine Meinung finden – Wahrheit als Grundlage des Zusammenlebens nachvollziehen und verinnerlichen – Ursachen für Lügen erfahren, hinterfragen und dagegen angehen – Gefühle beim Wahrheitsagen spüren, empfinden und ausdrücken	– Memospiel: Sprichwörter über Lügen und ihre Bedeutung – Wortfamilie zu Lügen/Wahrheit erstellen – Richterspiel: flunkern, schummeln, lügen erlaubt – ja/nein **(K 4.2.3–3.2.7)** – eine Lügengeschichte weiterschreiben – Ursachenforschung an Fallbeispielen: Warum lügen Menschen? – Schreibimpuls: Die Wahrheit hilft weiter **(K 4.2.3–3.3.6)** – Rollenspiel: Lüge belastet, Wahrheit befreit
Glück und Pech (4.2.4)	– Erscheinungsformen von Glück erfahren und kritisch bewerten – nachvollziehen und ausdrücken, dass Glücksgefühle beflügeln, Pechsträhnen hemmen – erfahren und Bewusstsein schaffen, dass Glück und Pech nicht zwangsweise geschieht – über Pech nachdenken, Wege zur Überwindung suchen und sich damit auseinandersetzen	– Individuelle Geschichten zum Glück schreiben; Fallanalyse: Ideelles – materielles Glück – Collage: Pech/Glück liegen nebeneinander; Bilder glücklicher/unglücklicher Menschen deuten – Rollenspiel: Glück/Pech gehabt – Ursachenstern: Was führt zum Pech/Glück? – Blickwinkel: Die Welt aus den Augen eines Glücklichen/Unglücklichen – Labyrinthzeichnung: Der Ausweg
Ungerechtigkeit und Gerechtigkeit (4.2.5)	– unterschiedliche Vorstellungen von gerecht/ungerecht darlegen und nachempfinden – Maßstäbe zum Problem Gerechtigkeit entwickeln und hinterfragen – Möglichkeiten sehen und suchen, wie man Ungerechtigkeit wiedergutmachen kann – Gerechtigkeit als grundlegendes menschliches Verhalten erkennen, hinterfragen und bestärken	– Fallbeispiele: Handlung gerecht oder ungerecht? Fragebogenaktion: Was empfindest du als gerecht? – Rollenspiel: Elternverhalten gegenüber Geschwistern – Schriftrolle: die 10 größten Ungerechtigkeiten der Welt – Bildgestaltung: Brücke der Gerechtigkeit – Beschwerdebrief schreiben: Das war ungerecht – Spiel: Stolpersteine auf dem Weg zur Gerechtigkeit **(K 2.4.5–3.1.6)** **Ausarbeitung als Stationenlernen im Kap. 4.2.1**

2. Planung des Ethikunterrichts in der Grundschule

Themenfeld	Kompetenzfeld	Umsetzungsimpulse
5. Unterschiedliche Lebensformen Hauptmerkmale der Weltreligionen – ihre Gebote und Riten (5.2.1)	– religiöse Gebote und Vorschriften als Grundlage des täglichen Lebens sehen und empfinden – Glauben als religiöse Überzeugung erkennen und dessen Bedeutung für das Leben verstehen – religiöse Vielfalt in unterschiedlicher Ausprägung entdecken und respektieren – Werte und Traditionen der Weltreligionen kennenlernen und verstehen – Hauptmerkmale von Christentum, Islam, Judentum erfahren und im täglichen Leben wiederfinden – das eigene Dasein hinterfragen und über das Leben nach dem Tod philosophieren – 10 Gebote und 5 Säulen des Islam exemplarisch als Glaubensgrundlage sehen und hinterfragen – religiöse Symbole kennen und deuten	– Brainstorming: Weltreligionen – Fragebogenaktion: Was glauben Menschen? – Filmanalyse: 5 Säulen des Islam – 10 Gebote im Alltag suchen, malen, künstlerisch gestalten – Gebete mit Symbolen, Farben ausdrücken – Gebet auswendig lernen – Bildcollage: So sehe ich Gott, Abgrenzung: Mein Gott – mein Götze – Gedankenspiel oder Zeichnung: Was ist nach dem Tod? – Unterrichtsgang zu religiösen Orten – Expertenbefragung: Ich halte Ramadan **(K 5.2.1–3.1.8)** – Opa im Unterricht: Religiöses Brauchtum früher – Überzeugungsspiel: Ich brauche keine Religion – Synopse: Gebote der Religionen – Fishbowl: Eine Welt ohne religiöse Tradition ist leer **(K 5.2.1–3.3.9)**
Religiöse und kulturelle Feste (5.2.2)	– Feste und deren religiösen, naturbezogenen oder säkularisierten Aspekte erfahren und verstehen – Feste anderer Kulturkreise kennenlernen, verstehen und nachempfinden – offen werden für ein Nebeneinander unterschiedlicher Feste – völkerverbindende Feste in Geschichte und Gegenwart (z. B. Olympiade) erfahren und hinterfragen – Feste in ihrer historischen Dimension sehen – gemeinschaftsfördernde Aktionen durch Vorbereitung und Durchführung eines Festes	– Einladungskarten für ein Fest entwerfen – Placemat: Ein kulturelles oder religiöses Fest vorbereiten und durchführen **(K 5.2.2–3.2.9)** – alphabetische Festaufzählung, von Allerheiligen bis Zuckerfest – religiöse Feste unterschiedlicher Religionen (Kleidung, Musik, Riten, Gestaltung) erschließen – Fallanalyse: Warum dieses Fest? – Vergleich: Olympia früher – heute – Opabericht: So war Weihnachten früher – Tagebucheintrag: ein trauriges Fest – Traumbild: Vorfreude auf ein Fest – Bilder, Fotos von Festen (Collage) – Feststimmung zeichnerisch ausdrücken

2. Planung des Ethikunterrichts in der Grundschule

Themenfeld	Kompetenzfeld	Umsetzungsimpulse
Akzeptanz und Solidarität (5.2.3)	– Kriterien für Ablehnung oder Akzeptanz erarbeiten und hinterfragen – ablehnendes oder solidarisches Verhalten mit Gesten ausdrücken – Solidarität als menschenverbindendes Verhalten verstehen und verinnerlichen – Toleranz gegenüber religiösen und weltanschaulichen Ansichten entwickeln – Vorurteilen bewusst entgegentreten und der eigenen Bewertung unterziehen – Zivilcourage als Mittel der Solidarität erfahren, analysieren und bewerten	– Rollenspiel: Außenseiter integrieren – Tagesschau: Fallbeispiel für Zivilcourage analysieren **(K 5.2.3–3.2.10)** – Solidarität als Werkbild, Symbol, Comic oder Zeichnung entwerfen – Tagebuch: Ich mag den „Ausgestoßenen" – Vorurteil: „Das war doch wieder der" als Stegreifspiel darstellen, Entscheidungsspiel: Was wäre, wenn (www) – Bildfolge zu Zivilcourage – Anhörung: Warum machst du nichts dagegen **(K 5.2.3–3.1.9)** – Text verfassen: Ich helfe dir in jedem Fall
Motive unterschiedlicher Lebensformen (5.2.4)	– Zusammenhang vom Mythos und Lebensweise sehen und empfinden – mystische Erzählungen inhaltlich verstehen und hinterfragen – Merkmale unterschiedlicher Lebensformen benennen, verstehen und deuten – Nachempfinden, dass es frei wählbare und zwangsläufige Lebensformen gib – Rechte und Grenzen von Lebensweisen darlegen und kritisch hinterfragen – persönliche, gesellschaftliche, kulturelle und regionale Ursachen für Lebensformen erkennen, verstehen und verinnerlichen – sich bewusst werden, dass Lebensformen gleichrangig zu sehen sind	– Bildcollage: Verschiedene Familienbilder – Echospiel: Mein Leben muss sich ändern **(K 5.2.4–3.1.10)**, Reporter berichten: Leben in Afrika, Asien … – Wunschwolke: Meine ideale Lebensform – Brainwriting: Menschen leben unterschiedlich, Fragebogen: Was möchtest du an der Lebensweise ändern, was ist gut? – mit Bildern, Symbolen, Gesten positive Lebensgestaltung ausdrücken – Tagebuch: Lebensgeschichte schreiben – Fallstudie: Lebensschicksale – Mosaik: Mythische Fluterzählungen **(K 5.2.4–3.3.10)** – Rollenspiel: Adam und Eva, Gegenwartsbezug: Mythen heute

Winfried Röser: Praktisches Basiswissen: Ethik
© Persen Verlag

3. Didaktisch-methodische Grundfragen des Ethikunterrichts

So wie jeder Unterricht orientiert sich auch der Ethikunterricht in der Grundschule an den heutigen didaktischen Anforderungen wie Teamfähigkeit, Selbstständigkeit und Schüleraktivität, immer im Einklang mit den jeweiligen inhaltlichen Themenfeldern der entsprechenden Jahrgangsstufe (s. Zusammenstellung im Kapitel 1.4).

Diese Grundvoraussetzungen betreffen jede Phase des Unterrichts, den klassischen Einstieg, die Erarbeitungszeit sowie die Vertiefungs- und Sicherungsphase. Grundsätzlich gilt, dass es **die** Unterrichtsmethode nicht gibt, sondern dass jeder Lehrer nach Thema, Zielsetzung und Lerngruppe seinen Unterricht individuell planen und gestalten muss. Methodische Vielfalt ist hier das Schlagwort – vom frontalen Unterrichten über eine gelenkte Gesprächsführung bis hin zu schüleraktiven und selbstständigen Phasen, welche letztlich auch das freie Arbeiten (z. B. Freiarbeit, Wochenplanarbeit) einbeziehen. Egal, wie der Unterricht gestaltet und ausgerichtet wird, der Lehrer sollte sich stets als Planer und Organisator des Unterrichts verstehen, sich, wo immer möglich und sinnvoll, zurücknehmen und somit die Aktivität und Selbsttätigkeit seiner Schüler anbahnen und ihnen diese dann auch gelenkt überlassen. Es gilt die alte Weisheit: Wer selbst etwas tut, dem wird auch nicht so schnell langweilig, und weiterführend: Wem nicht langweilig ist, der hat auch weniger Lust zum Stören.

Darüber hinaus verlangen gerade die Selbstständigkeit fördernden Maßnahmen häufig eine Kommunikation der Schüler untereinander, indem sie ihre Position, Meinung oder Erfahrung gegenüber ihren Mitschülern vertreten, sachlich begründen und hinterfragen lernen. Daher bieten sich auch Sozialformen an, in denen die Schüler mit wechselnden Partnern arbeiten und Aufträge erfüllen. Hier bietet das Losprinzip (z. B. mithilfe von Karten oder Würfeln) eine gute Hilfe, Schüler zusammenzubringen, die vielleicht nicht miteinander können, denn für das Losergebnis ist der Lehrer nicht verantwortlich. Diese Zufälligkeit heißt aber auch, dass der Lehrer keineswegs nur immer mit den Aktiven seiner Lerngruppe kommuniziert, sondern dass jeder Schüler, auch der eher passive oder zurückhaltende, damit rechnen kann, an die Reihe zu kommen, z. B. wenn der Vortragende eines Ergebnisses ausgelost wird. Auch die Einigung auf bestimmte Ergebnisse (z. B. entscheidet euch für die beste Lösung) zielt in die gleiche Richtung, denn Einigung bedeutet, Vor- und Nachteile abwägen, also zuzuhören, miteinander zu sprechen und zu diskutieren, auf die Argumente des anderen einzugehen und sich mit diesen auseinanderzusetzen. So werden zentrale Grundkompetenzen (s. Abschnitt 1.3) angebahnt und vermittelt.

Im Folgenden werden zur Erläuterung jeweils 10 praktische Unterrichtsbeispiele für die einzelnen Phasen des täglichen Unterrichts vorgestellt. In vielen Fällen lassen sich die Methoden und Kompetenzen auch auf eine andere Phase des Unterrichts übertragen, sodass ein breites Feld von Vorschlägen für den gesamten Ethikunterricht entsteht. Alternative Einsatztipps am Ende jedes Beispieles geben dabei erste Hinweise auf weitere mögliche und sinnvolle Platzierungen und belegen, dass diese beliebig auf ähnliche Inhalte transferierbar sind und ein breites Spektrum von methodischen Kniffen bieten. Grundsätzlich gehören alle Vorschläge zur täglichen Unterrichtspraxis und dem notwendigen Repertoire des Lehrers.

3. Didaktisch-methodische Grundfragen des Ethikunterrichts

Überblick über die Methoden der Unterrichtsbeispiele:

Stundeneinstiege	Erarbeitungsphase	Vertiefung/Anwendung
Fantasiereise	Regiekarten	Anwendungssituation
Mindmap	Steckbrief	Schnipselbild
Assoziation	Vier-Ecken-Spiel	Kartencluster
Ratefix	Arbeitstheke	Auf-dem-Kopf-Methode
Kiste packen	Assoziationsstern	Memo
Stolpersteine	Wendetafel	Schreibimpuls
WWW-Methode	Richterspiel	Akrostichon
Expertenbefragung	Museumsrundgang	Live-View
Anhörung	Placemat	Fishbowl
Echospiel	Tagesschau	Mosaik

3.1 Zugang zum Thema – die Top 10 des Stundeneinstiegs

Die Frage nach dem Einstieg in eine Unterrichtsstunde ist für den Unterrichtenden von vorrangiger Bedeutung, entscheidet diese Phase doch oft über Erfolg und Misserfolg, über rege Beteiligung oder eher passives Verhalten, über Anspannung oder Langeweile. Die folgenden 10 Unterrichtsbeispiele zeigen Möglichkeiten und Wege, den Unterricht zielgerichtet, auf die Schüler abgestimmt, motivierend und thematisch ausgerichtet zu beginnen. Sie sind in der Praxis erprobt und haben sich in der täglichen Unterrichtsarbeit bewährt. Flexibel sind sie auf verschiedene Unterrichtsinhalte einzusetzen.

3.1.1 Fantasiereise (1./2. Klasse)

Kompetenz: eigene Wünsche wahrnehmen und in Form eines Bildes darstellen

Aktion: Lehrer verteilt Traumblatt mit großer Wolke, Schüler legen Buntstifte bereit. Schüler entspannen sich durch bequemes Hinsetzen, schließen die Augen und lassen die folgende Einführung auf sich wirken. Im Hintergrund kann zusätzlich entspannende Musik laufen. Nach der Motivationserzählung beginnt ein spontanes Zeichnen in der Wolke, das später im Klassenverband thematisiert wird.

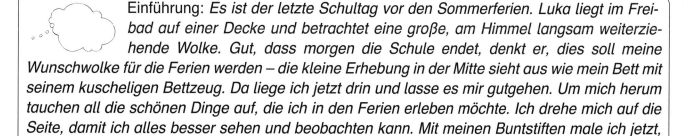

Einführung: *Es ist der letzte Schultag vor den Sommerferien. Luka liegt im Freibad auf einer Decke und betrachtet eine große, am Himmel langsam weiterziehende Wolke. Gut, dass morgen die Schule endet, denkt er, dies soll meine Wunschwolke für die Ferien werden – die kleine Erhebung in der Mitte sieht aus wie mein Bett mit seinem kuscheligen Bettzeug. Da liege ich jetzt drin und lasse es mir gutgehen. Um mich herum tauchen all die schönen Dinge auf, die ich in den Ferien erleben möchte. Ich drehe mich auf die Seite, damit ich alles besser sehen und beobachten kann. Mit meinen Buntstiften male ich jetzt, was ich rund um mein Bett wahrnehme:*

Einsatztipps alternativ: meine Stärken und Schwächen schicke ich auf einer Wolke auf die alternative Reise; meine ideale Umwelt in einer Wolke entwerfen (beschreibend oder zeichnend); mein größtes Pech auf einer Regenwolke entwickeln.

3. Didaktisch-methodische Grundfragen des Ethikunterrichts

3.1.2 Mindmap (1./2. Klasse)

Kompetenz: Stichworte zum Thema Familie zusammentragen und mit einer Mindmap vorstrukturieren (Technik muss vertraut sein)

Aktion: Schüler sitzen im Stuhlkreis oder an ihren Bänken. Lehrer heftet den Begriff Familie (oder ein Bild) an die Tafel. Die Schüler können nacheinander ihr Stichwort eintragen oder skizzieren und an einer Stelle der Mindmap positionieren. Mitschüler können nachfragen bzw. die Wörter anders orientieren.

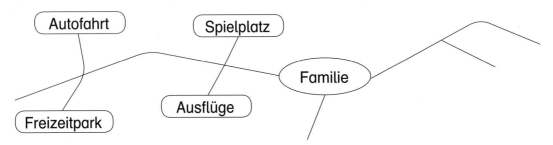

Einsatztipps: Mindmap zum Thema: Die Natur bringt uns zum Staunen; Was weiß ich über das
alternativ Christentum; Glück gehabt.

3.1.3 Assoziation (3./4. Klasse)

Kompetenz: Kriterien für Freundschaft verbalisieren und hinterfragen

Aktion: Schüler erhalten Blatt mit Aufforderungscharakter. Sie denken über Freundschaft nach und füllen die Gedankenblasen aus. Beispiele werden im Plenum vorgestellt (ausgelost oder freiwillig gemeldet). Über die Kriterien wird gesprochen und individuell überlegt: Treffen die Kriterien auch auf mich zu?

Einsatztipps: Die Natur ist schön (1./2. Klassen zeichnen; 3./4. Klassen schreiben); meine liebsten
alternativ Feste; meine schönsten Schülererlebnisse; die schlimmsten Angstsituationen.

3. Didaktisch-methodische Grundfragen des Ethikunterrichts

3.1.4 Ratefix (3./4. Klasse)

Kompetenz: Natur von der Beschreibung her erfassen und ausdrücken

Aktion: Schüler sitzen im Stuhlkreis. Lehrer zeigt einem Schüler eine Wortkarte mit einem Begriff aus der Natur. Schüler schließt die Augen und sagt: „Ich sehe etwas, was ihr nicht seht, und das ist ..." (kurze Beschreibung). Die Klasse darf dreimal versuchen, den Begriff zu erraten. Ist der Begriff nicht gefunden, gibt der Schüler die nächste Kurzbeschreibung ab. Dies wiederholt sich so lange, bis der Begriff erraten wurde. Wer ihn trifft, darf als Nächster auf dem Stuhl Platz nehmen und den nächsten Begriff erklären. Der erratene Begriff wird an eine Pinnwand geheftet. Die gesammelten Begriffe können dann für den weiteren Unterricht verwendet werden.

> Regenbogen
>
> Ratewort

> Ich sehe etwas, was du nicht siehst, und das ist:
> - bunt
> - steht am Himmel
> - kommt oft nach Regen
> - ist meist ein Halbkreis ...

Einsatztipps: Erraten von Festtagen (z. B. Weihnachten, Geburtstag ...);
alternativ Erraten von besonderen Fähigkeiten (z. B. schwimmen, malen, ...);
Zusammenstellen von Freizeitaktivitäten (z. B. Rad fahren, fernsehen, ...)

3.1.5 Kiste packen (1./2. Klasse)

Kompetenz: Erscheinungsformen von Glück sehen und zuordnen

Aktion: Lehrer hängt Plakat mit riesiger Kistenzeichnung an die Pinnwand (Tafel). Er verbalisiert eine kurze Einführung (s. u.). Die Schüler schreiben oder zeichnen anschließend, was sie in die Glückskiste packen. Wer ein Bild fertig gestaltet hat, heftet es an die Pinnwandkiste und bearbeitet das nächste Blatt: Die Phase endet nach ca. 15 Minuten. Das Gespräch über den Inhalt der Glückskiste wird im Klassenverband geführt.

Einführung Lehrer: „Jeder von euch hat schon oft Glück gehabt. Nehmt das vor euch liegende Blatt und gestaltet es: Hier hatte ich besonders Glück. Wer sein Blatt fertig gezeichnet hat, heftet es in die Glückskiste und erstellt ein zweites Glücksbild."

Glückskiste: Hier hatte ich besonders Glück

3. Didaktisch-methodische Grundfragen des Ethikunterrichts

Einsatztipps: Naturkiste packen mit allem, was in der Natur schön ist/schrecklich ist; Religionskiste:
alternativ religiöse Symbole einordnen; Kniggekiste: wichtige Umgangsformen einsortieren.

3.1.6 Stolpersteine (3./4. Klasse)

Kompetenz: Reflektieren und ausdrücken, welche Hindernisse es auf einem gerechten Weg geben kann.

Aktion: Schüler sitzen als Partnerpaare zusammen. Auf jedem Tisch befinden sich: ein Schuhkarton, Farbstifte, Kleber, weißes Papier, eine kurze Situationsschilderung. Schüler betrachten und besprechen das Ereignis, lösen den Stolperstein heraus und gestalten ihren Schuhkarton, sodass der Kernbegriff an der obersten Stelle steht. Die fertigen Stolpersteine werden in der Klasse verteilt und bei einem anschließenden Rundgang betrachtet.

> Stolperstein **jemanden bevorzugen**

Luka und Sven sind Zwillinge. Luka versteht sich gut mit seinem Vater. Zwischen Sven und seinem Vater gibt es immer Streit und Reibereien. Sven wirft ihm vor, dass er ungerecht handelt. So soll er schon zum dritten Mal in dieser Woche den Müll runtertragen, während Luka noch gar nicht dran war.

Andere Stolpersteinsituationen: Jan ist eifersüchtig, er versteckt das Handy seines Bruders; die mit ihrem Taschengeld verschwenderische Nicole erhält von der Mutter immer wieder Nachschub, während ihr Bruder für einen größeren Wunsch sparen soll …

Einsatztipps: Stolpersteine, welche die Solidarität mit dem Mitmenschen behindern; Stolpersteine
alternativ in einer Freundschaft; Stolpersteine, die den Schutz der Natur behindern.

3.1.7 WWW-Methode (1./2. Klasse)

Kompetenz: solidarisches Verhalten sehen und praktizieren

Aktion: Schüler sitzen im Halbkreis um eine Spielfläche. Im Hintergrund befindet sich eine Pinnwand mit der großen Aufschrift: WWW – „was wäre wenn?" Lehrer führt jeweils kurz eine Situation ein. Freiwillige oder ausgeloste Schüler spielen die Szene nach. Die Mitschüler kreuzen auf einem Begleitblatt die gespielte Lösung an. Je nach Klasse können auch mehrere Lösungen gespielt werden. Es folgt die nächste Kurzsituation.

Szene 1: Der Lehrer bringt einen neuen Mitschüler in die Klasse. Er bittet Svenja, ihren Platz für den Neuen freizumachen und sich nach hinten zu setzen.

Szenenspiel: Lehrer – Svenja – der Neue: Wie wird reagiert?

Begleitblatt: Svenja geht wortlos nach hinten; Svenja meckert und beschwert sich; Svenja sucht einen Kompromiss.

Andere Situationen: WWW – dich jemand, den du nicht leiden kannst, um Hilfe bittest; du siehst, wie ein Schüler auf dem Schulhof verprügelt wird; du weißt, dass der Lehrer einen Mitschüler zu Unrecht beschuldigt, ….

Einsatztipps: WWW – du ein richtiger Angsthase wärest; WWW – die Natur dir Dinge zeigt, die
alternativ Menschen verschuldet haben; WWW – Menschen immer nur die Wahrheit sagen würden.

3. Didaktisch-methodische Grundfragen des Ethikunterrichts

3.1.8 Expertenbefragung (3./4. Klasse)

Kompetenz: Glauben als religiöse Überzeugung nachempfinden und den Einfluss auf die Lebensgestaltung sehen

Aktion: Schüler sitzen im Halbkreis um einen freien Stuhl herum. Dort nimmt ein eingeladener Vertreter (als direkt Betroffener oder Experte) Platz, um zu einem aktuellen Thema Stellung zu beziehen und dieses zu erläutern. Nach einem Kurzvortrag, der durchaus auch bebildert sein kann, haben die Schüler die Möglichkeit, Fragen zu stellen, um Unklarheiten zu beseitigen, einzelne Aussagen zu vertiefen und grundsätzlich eine Fragestellung aufzubauen, die dann Stundenthema sein wird.

> Lehrer begrüßt den älteren Bruder eines Viertklässlers, der gerade den Ramadan mitmacht. Dieser nimmt auf dem Stuhl Platz, stellt sich vor und berichtet: Ich faste jetzt einen ganzen Monat lang, denn fasten gehört mit zu meiner Religion; diesen Fastenmonat nennt man Ramadan; Fasten bedeutet hierbei …
>
> Mögliche Fragen: Was ist, wenn du in der Schule Sport hast?
> Ist es schwer, wenn die anderen essen und trinken?
> Bist du schon einmal deshalb ausgelacht worden? …

Einsatztipps: Ein Priester berichtet über den Ablauf und die Bedeutung der Taufe,
alternativ ein Sozialarbeiter erzählt über seine Probleme in der täglichen Arbeit,
ein Förster berichtet über Maßnahmen zur Gesunderhaltung des Waldes.

3.1.9 Anhörung (3./4. Klasse)

Kompetenz: Bereitschaft zu einem solidarischen Handeln wecken

Aktion: Schüler erhalten eine kurze Geschichte zum Lesen. Sie markieren sich jeweils die Stelle, die für ihre (ausgeloste) Rolle bedeutsam ist. Dann notieren sie sich auf einer Karteikarte Gedanken, Gefühle und mögliche Handlungen. Nach dieser Vorbereitung setzen sich die Schüler in den Stuhlhalbkreis. In der Mitte steht auf einem besonders gekennzeichneten Platz der Anhörungsstuhl. Auf diesem Stuhl nimmt ein Schüler (ausgelost oder bestimmt) Platz und präsentiert seine Gedanken und Überlegungen. Nach einer kurzen Aussprache mit dem Plenum wird die nächste Anhörung gestartet.

Kurzgeschichte: Fünf Jungen spielen auf einem Bolzplatz Fußball, zwei gegen drei. Ein weiterer Mitspieler wäre ideal. Nico, der als korpulent und unbeweglich gilt, kommt an den Zaun und schaut zu. Man sieht, wie gerne er mitspielen möchte. Tim würdigt ihn keines Blickes. „Mit der lahmen Ente verlieren wir doch nur, lieber …" Jonas aus der anderen Mannschaft sieht Nico mitleidig an und denkt: „Der könnte doch ins Tor gehen …"

> **Karteikarte Jonas:**
>
> *Der Arme will mitspielen, er tut mir leid, ich stoppe das Spiel, ich schlage vor, wir können die Mannschaften neu wählen, …*

Rollenverteilung: Tim und Jonas

Einsatztipps: Du hast dich nicht wie ein Freund verhalten; bei Streitsituationen: Dann mache ich
alternativ eben eine Faust in der Tasche; Expertenanhörung: Das wirft die Natur den Menschen vor.

3. Didaktisch-methodische Grundfragen des Ethikunterrichts

3.1.10 Echospiel (3./4. Klasse)

Kompetenz: sich bewusst werden, dass sich Lebensformen ändern können bzw. müssen

Aktion: Lehrer heftet Impulskarte oder Bild an eine Pinnwand. Schüler sitzen im Halbkreis vor dem Bild und betrachten es. Ein Schüler formuliert einen kurzen Satz zum dargestellten Thema und gibt das Wort an einen sich meldenden Schüler weiter. Der nachfolgende Schüler wiederholt die Antwort seines Vorgängers und fügt seine eigene Aussage hinzu. Wichtig ist, dass sich inhaltliche Aussagen möglichst nicht wiederholen. Die Runde endet, wenn es keine Wortmeldungen mehr zum Thema gibt.

Lehrer heftet das Bild an die Pinnwand und fordert die Schüler auf, ihre Meinung dazu mithilfe des Echospiels zu formulieren.

Schüler 1: „Ich sehe einen verzweifelten Jungen."

Schüler 2: „... hat gesagt, er sieht einen verzweifelten Jungen. Ich ergänze, der Junge hat bestimmt nicht gelernt."

Schüler 3: „... hat gesagt, der Junge hat bestimmt nicht gelernt, ich vermute, dass er vielleicht sitzen bleiben wird."

Einsatztipps: Betrachtung eines Naturbildes (blühende Blume mit Biene); Streitszene spezielle
alternativ Mimik und Gestik, analysieren; Wunschvorstellungen für das spätere Leben deuten.

3.2 Erarbeitung des Themas – die Top 10 der Erarbeitungsphase

Kernzeit des täglichen Unterrichts ist die Erarbeitungsphase. Hier erhalten die Schüler alle notwendigen Informationen über ein Thema und damit die fachlichen Grundlagen zum Verstehen, Analysieren, Hinterfragen oder Weiterentwickeln. Die methodisch-didaktischen Möglichkeiten dieser Phase sind vielschichtig, von der reinen Lehrerdarbietung über Gesprächsanlässe bis hin zu schüleraktiven Verfahren. Auch hier gilt der Anspruch: Je aktiver die Schüler in dieser Phase agieren, je selbstständiger sie sich die notwendigen fachlichen Grundlagen erarbeiten, je kommunikativer dieser Teil des Unterrichts gestaltet wird, desto größer wird die Bereitschaft zum Mitarbeiten und Verstehen. Die folgenden 10 Beispiele zeigen zu diesen theoretischen Vorüberlegungen praktische Umsetzungsmöglichkeiten auf, die ebenfalls im täglichen Unterricht erprobt und bewährt sind.

3.2.1 Regiekarten (3./4. Klasse)

Kompetenz: sensibel werden und Gefühle beim anderen entdecken

Aktion: Die Klasse sitzt im Halbkreis. Die Schüler erhalten die Aufgabe, das Spiel zweier Mitschüler zu beobachten und sich Notizen auf einem Beobachtungszettel zu machen. Aufgabe ist das Herausfinden der dargestellten Situation und der gezeigten Gefühle. Im weiteren Verlauf kann die Situation zuerst besprochen werden oder sofort ein anderes Schülerpaar eine andere gefühlsbetonte Situation spielen: Dann findet die Besprechung später statt. Je nach Klassensituation können die Paare ausgelost werden.

3. Didaktisch-methodische Grundfragen des Ethikunterrichts

Regiekarte Mia

Mia ist sehr traurig,

ihr Hund musste eingeschläfert werden,
sie sitzt auf einer Schaukel,
sie bewegt sich nicht,
sie schaut starr auf den Boden,
sie bemerkt um sich herum nichts.

Versuche deine Rolle so echt wie möglich zu spielen.

Regiekarte Anna

Anna ist gut gelaunt,

schon von Weitem entdeckt sie Mia,
sie ruft ihr etwas zu,
sie erhält keine Reaktion,
sie denkt: Was ist denn da los?

Versuche, Mias Verhalten zu deuten;
Versuche herauszubekommen, was Mia bedrückt.

Einsatztipps: gegen Pech kann ich etwas tun (Regiekarte mit typischer Pechsituation; zweite Karte:
alternativ gegen Pech angehen).

3.2.2 Steckbrief (1./2. Klasse)

Kompetenz: sich als einzigartiges Individuum wahrnehmen

Aktion: Zur Auseinandersetzung mit der eigenen Person erhält jeder Schüler einen Steckbriefvordruck, den er alleine und ohne Hast ausfüllen soll. Dann werden die Steckbriefe eingesammelt und vermischt. Im Plenum werden anschließend Passagen aus dem Steckbrief vorgestellt und die Mithörer müssen raten, um wen es sich handelt. Abstraktion ist die Einsicht, dass jeder Steckbrief etwas Besonderes und einmalig ist.

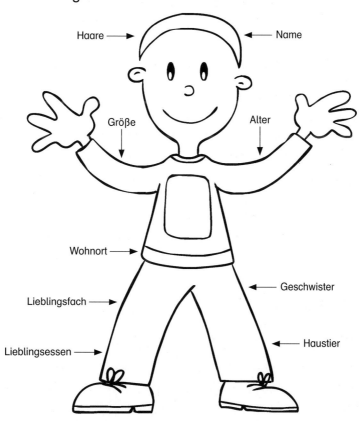

Einsatztipps: Steckbrief: So sollte mein Freund sein; Weihnachten: ein großes Familienfest;
alternativ dann würde ich jubeln; Steckbrief zu meinen großen und kleinen Wünschen

3. Didaktisch-methodische Grundfragen des Ethikunterrichts

3.2.3 Vier-Ecken-Spiel (3./4. Klasse)

Kompetenz: Konflikte bewusst wahrnehmen, hinterfragen und Lösungsvorschläge unterbreiten

Aktion: Lehrer hat an den vier Ecken des Klassenraumes jeweils eine Situationsschilderung aufgehängt. Er teilt die Klasse (per Los) in vier Gruppen. Jede Gruppe geht zu der ihr zugewiesenen Ecke, bespricht und bewertet die Situation und entwickelt einen gemeinsamen Lösungsvorschlag. Je nach Klasse können für alle Gruppen die gleiche oder verschiedene Situationen gewählt werden. Die Lösungsvorschläge werden notiert und später dem Plenum vorgestellt.

Situation 1

Maria und Tina sind Freundinnen. Maria will aber immer bestimmen, was unternommen wird. Tina hat sich schon oft darüber geärgert, hat aber immer wieder nachgegeben. Heute möchte Maria unbedingt ins Schwimmbad, obwohl es kühl und regnerisch ist und Tina ihr bereits am Morgen von leichten Halsschmerzen erzählt hat. Aber Maria sagt zu Tina: „Wenn du nicht mitkommst, bist du nicht mehr meine Freundin."

Situation 2

Ben hat im Schulbus seinen Turnbeutel liegen lassen. Mike hat dies genau beobachtet. Da er Ben nicht leiden kann, sagt er nichts, sondern zeigt seinem Kumpel Luka den Beutel mit den Worten: „Das geschieht dem blöden Ben recht." Jetzt bekommt er Ärger in der Schule. Auch Luka weiß, wie sauer der Lehrer reagieren wird, wenn man seine Sportsachen nicht dabei hat.

Einsatztipps: vier große Umweltsünden schildern und Verbesserungswege erkunden;
alternativ vier Fotos von Jungen/Mädchen mit den Worten: Warum könnte dies niemals mein Freund/meine Freundin werden? Vier Bilder von Gotteshäusern mit der Aufforderung, das Gemeinsame herauszuarbeiten.

3.2.4 Arbeitstheke (1./2. Klasse)

Kompetenz: Leben in der Natur bewusst wahrnehmen und gefühlvoll ausdrücken

Aktion: In der Klasse sind je nach gebildeten Kleingruppen Arbeitstheken aufgebaut, auf denen Materialien zur Entwicklung eines Haustieres (Hund, Katze, Hase ...) liegen. Die Schüler nehmen an den zugewiesenen Arbeitstheken Platz, begutachten die Materialien (Bilder, Zeichnungen), setzen diese zu einer Bildfolge zusammen und gestalten diese farbig. Das Resultat kleben sie auf einen Plakatkarton und beschriften diesen. Farbstifte, Kleber, Schere, Buntstifte und Plakatkarton sollten an der Arbeitstheke im Vorfeld vorhanden sein.

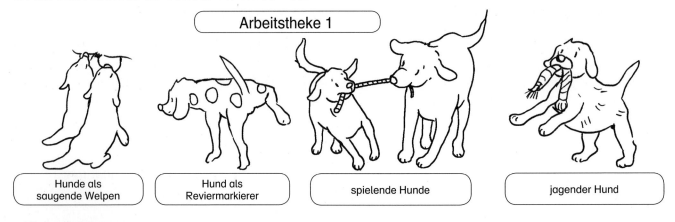

3. Didaktisch-methodische Grundfragen des Ethikunterrichts

Einsatztipps: Streitfall: Hilfe im Haushalt, Materialien zur Kompromissfindung; unterschiedliche
alternativ Familienbilder (alleinerziehend, Großfamilie, ...) zusammenführen; Traumbild
entwickeln: Mein ideales Zuhause.

3.2.5 Assoziationsstern (3./4. Klasse)

Kompetenz: Natur in ihren wesentlichen Merkmalen erfassen

Aktion: Lehrer gibt als Großbild den Naturstern auf einer Pinnwand vor. Die Schüler sitzen im Halbkreis vor der Wand und tragen gemäß der Aufforderung des Lehrers Begriffe ein, die sie mit Natur in Verbindung bringen und begründen jeweils ihre Wahl. Dabei wird das Thema „Das alles ist Natur" durch die Anordnung in der Vorgabe des Sterns bereits strukturiert. Über Vorschläge und deren Anordnung kann sofort gesprochen werden. Dieses Raster übertragen die Schüler später in ihre Mappe und ergänzen es dabei individuell (Vorgabe als Kopiervorlage).

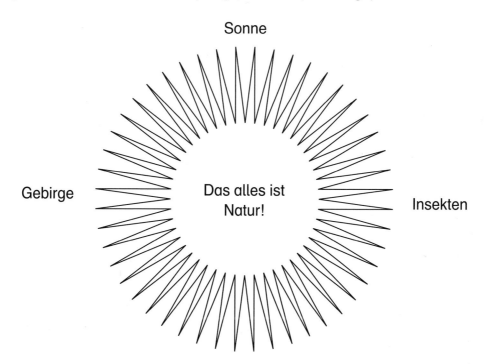

Einsatztipps: Sammlung von Kriterien, was alles zu einer guten Freundschaft gehört; Strukturieren
alternativ von Umweltschädigungen im nahen Umfeld, auf der gesamten Welt; als Wiederholung Zuordnung von Begriffen zu einer bestimmten Religion.

3.2.6 Wendetafel (1./2. Klasse)

Kompetenz: zwischen Realität und Wunschdenken unterscheiden können

Aktion: Schüler sitzen im Kreis um eine Pinnwand, die von beiden Seiten genutzt werden kann. An der Tafel oder Seitentafel sind auf Karton Begriffe gezeichnet, geschrieben oder befestigt. Auf der einen Seite der Pinnwand sind die Wünsche, auf der anderen die Wirklichkeit zu befestigen. Schüler entnehmen jeweils eine Begriffskarte und heften sie auf die entsprechende Seite der Pinnwand. Dabei begründen sie ihre Entscheidung. Im Plenum werden später die beiden Seiten besprochen und kritisch hinterfragt, denn Begriffe können oft beiden Seiten zugeordnet werden.

3. Didaktisch-methodische Grundfragen des Ethikunterrichts

Einsatztipps: Wendetafel zu umweltschützendem/umweltschädigendem Verhalten;
alternativ Vor- und Nachteile einer Gemeinschaft unterscheiden; Empfindungen bei Erfolg/Misserfolg spüren und eintragen.

3.2.7 Richterspiel (3./4. Klasse)

Kompetenz: Lügen von Schummeln oder Schwindeln bewusst abgrenzen

Aktion: Schüler erhalten ein Blatt mit vielen kleinen Episoden aus dem täglichen Leben. Sie schlüpfen in die Rolle des Richters und treffen Entscheidungen über Recht und Unrecht. Im Klassenverband werden später die Entscheidungen verglichen und kommentiert.

Trage für jeden Fall ein: Lüge oder Schwindel – erlaubt oder verboten?

Als Mutter nach den Hausaufgaben fragte, sagte Nico: „Alles erledigt" obwohl er noch nichts gemacht, sondern nur am PC gespielt hat.

_____   _____

Silvi hat ihrer Nachbarin den neuen Füller entwendet. Als sie wie alle anderen in der Klasse gefragt wird, sagt sie „nein!" und behält ihn.

_____   _____

Uwe sagt: „Ich gehe Oma besuchen", und geht stattdessen zur Kirmes.

_____   _____

Silke verneint die Frage nach der Mathenote, da sie Angst vor Strafe hat.

_____   _____

Ich bettle um ein neues Handy und sage, dass jede meiner Freundinnen ein solches Handy hat.

_____   _____

Einsatztipps: Hinterfragen von Regeln – sinnvoll oder überflüssig; Bewertung von Verhalten,
alternativ handelt so ein Freund – ja oder nein; Umgang mit der Umwelt: Sünde oder nur leichtes Vergehen?

3. Didaktisch-methodische Grundfragen des Ethikunterrichts

3.2.8 Museumsrundgang (1./2. Klasse)

Kompetenz: Einladungskarten erstellen, vergleichen, bewerten und diese so als gemeinschaftsfördernd empfinden

Aktion: Im Unterricht haben die Schüler in Einzel- oder Partnerarbeit Einladungskarten für unterschiedliche Feste erstellt. Die Auswahl der Feste kann ausgelost werden. Nach der Ausgestaltung werden die Ergebnisse ausgelegt. Dazu werden Tische in Hufeisenform auseinandergezogen aufgestellt und auf jedem Tisch wird eine Einladungskarte platziert. Die Schüler gehen wie bei einem Museumsbesuch langsam an den Tischen vorbei, betrachten die Karten und entscheiden sich letztlich für 2–3 Favoriten, indem sie die Tischnummer notieren. Im Plenum begründen sie später ihre Wahl.

Einladung

Einladungen zum/zur

Geburtstag,
Martinsfeier,
Erntedankfest,
Kommunion,
Sommerfest,
…

Einsatztipps: Bilder von verschiedenen Gotteshäusern, um Gemeinsamkeiten zu finden;
alternativ Tagebucheintragungen zum Thema Freundschaft; Fotos, Berichte, Collagen zum Thema Umweltverschmutzung.

3.2.9 Placemat (3./4. Klasse)

Kompetenz: gemeinsam die Vorbereitung für ein Fest planen

Aktion: Die Schüler arbeiten in Viererrgruppen. Auf jedem Gruppentisch liegt eine Placemat-Vorlage. Die Schüler setzen sich so an den Tisch, dass jeder einen Abschnitt des Placemat vor sich liegen hat. Jeder schreibt jetzt 3–5 Ideen für das Thema (Festvorbereitung) in seinen Abschnitt. Dabei soll nicht gesprochen werden. Auf ein Zeichen des Lehrers liest jeder die Notizen der Mitschüler. Jetzt sind Rückfragen erwünscht und erlaubt. Zum Abschluss entscheidet die Gruppe gemeinsam, welche Vorhaben sich für das Thema besonders eignen und schreibt diese in den mittleren leeren Kasten. Im weiteren Verlauf können die Eintragungen aller Gruppen verglichen und ein Vorbereitungsgerüst erstellt werden.

Aufgabenstellung: Wichtige Überlegungen und Schritte zur Vorbereitung einer Geburtstagsfeier zusammenstellen.

3. Didaktisch-methodische Grundfragen des Ethikunterrichts

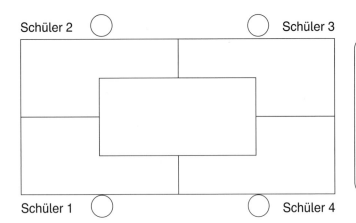

Einsatztipps: Unsere Vorstellungen für eine gelungene Klassengemeinschaft; Wege,
alternativ die zum Erfolg führen; Regeln für ein umweltgerechtes Verhalten im Alltag.

3.2.10 Tagesschau (3./4. Klasse)

Kompetenz: Zivilcourage als Ausdruck von aktiver Solidarität erfahren und nachempfinden

Aktion: Die Schüler sitzen im Klassenverband. Auf dem Lehrerpult steht eine Fernsehattrappe. Der Lehrer begibt sich auf seinen Stuhl, schaut durch die Attrappe und begrüßt die Schüler. Anschließend beginnen die Nachrichten. Dazu setzt sich ein Schüler auf den Sprecherstuhl und liest der Klasse einen Text vor, wenn machbar, kann der Text durch Bilder verdeutlicht werden. Anschließend wird im Plenum über den Text gesprochen oder die Schüler erhalten einen schriftlichen Arbeitsauftrag.

Lehrer: „Guten Morgen, liebe Schülerinnen und Schüler der Klasse …. Hier ist die Tagesschau mit den neuesten Kurznachrichten. Im Anschluss diskutieren wir über das Erfahrene. Nachrichtensprecher ist heute …"

> Guten Morgen meine lieben Mitschülerinnen und Mitschüler,
>
> am gestrigen Dienstag hat sich auf dem Schulhof der Grundschule ein folgenschwerer Zwischenfall ereignet.
>
> Beim Weg in die große Pause stieß Fred seinen Mitschüler Luka ohne Grund die Treppe herunter. Er hatte sich über Luka geärgert, weil der so langsam ging. Luka fiel unglücklich auf den Boden, schlug mit dem Kopf auf und blieb bewusstlos liegen. Die Aufregung war riesengroß. Der herbeigerufene Rektor alarmierte den Krankenwagen und befragte Zeugen. Keiner wollte den Vorfall bemerkt haben, denn jeder hatte vor dem jähzornigen Fred Angst. Fred erklärte, er wäre aus Versehen gegen Luka gestoßen. Als der kleine Leon dies hörte, wurde er ärgerlich und sagte: „Ich habe genau gesehen, wie es passiert ist." Der Rektor bat ihn dann in sein Zimmer. Fred flüsterte dem Kleinen noch zu: „Halte ja deine Klappe, sonst bist du dran." Aufgrund der Zeugenaussage von Leon konnte der Vorfall aufgeklärt werden. Fred muss wohl jetzt mit einem Schulverweis rechnen."

Einsatztipps: Bericht über die Pilgerfahrt nach Mekka oder eine andere Wallfahrt; Meldung:
alternativ eine erfolgreiche Schulaktion (z. B. Lesewettbewerb); Regeln für die Nutzung des neuen Klettergerätes.

3. Didaktisch-methodische Grundfragen des Ethikunterrichts

3.3 Vertiefung/Anwendung – die Top 10 der Abschlussphase

Beendet wird die tägliche Unterrichtsstunde durch die Vertiefungs- oder Sicherungsphase. Ziel ist es jeweils, die Ergebnisse aus dem Erarbeitungsblock zu sichern, d.h. sie möglichst unter einem aufbauenden Aspekt zu wiederholen bzw. diese zu vertiefen, indem erworbenes Wissen auf andere ähnlich gelagerte oder weiterführende Inhalte angewandt wird. Solche Transferleistungen sind für die Schüler aktivierend und motivierend, da sie ihre Kenntnisse anwenden und somit eine individuelle Bestätigung erfahren. Für den Lehrer dienen sie (meist unbemerkt) der Kontrolle über das erworbene Wissen und die Fähigkeiten der Schüler.

Auch in der Vertiefungszeit sollte bei der Methodenwahl die Selbstständigkeit und Schüleraktivität oberste Priorität haben, verknüpft mit kommunikativen Verfahren, um Ergebnisse sprachlich zu erfassen und diese dann wiederholend, bekräftigend oder erweiternd zu präsentieren.

So sind auch die im Anschluss aufgezeigten Verfahren in der täglichen Unterrichtsarbeit präsent und können beliebig transferiert werden.

3.3.1 Anwendungssituation (3./4. Klasse)

Kompetenz: eigene Grenzen austesten und Wege ermitteln, diese zu überwinden

Aktion: Nach der im Plenum erfolgten Erarbeitung von Wegen, eine Grenzsituation zu überwinden, erhalten die Schüler zur Anwendung eine Situationsschilderung, die zur Auseinandersetzung und Lösung einer typischen Grenzaustestung führt. Der Schüler notiert seine begründete Lösung auf einem Lösungsvorschlagsblatt. In Kleingruppen können die Lösungen gegenseitig vorgestellt werden, um sich auf den „besten" Vorschlag zu einigen.

Anwendungsgeschichte: Im Sportunterricht der 4. Klasse haben gute Schwimmer die Möglichkeit, das bronzene Schwimmabzeichen zu erwerben. Zu den Bedingungen gehört auch der Sprung vom Dreimeterbrett. Und genau dieser Sprung ist für Ben das große Problem; hier sieht er seine Grenze, denn er hat einfach Angst in die Tiefe zu springen. Er war zwar schon mehrfach auf dem Brett, ist aber immer wieder die Treppe heruntergestiegen, um resigniert aufzugeben.

Jetzt stehen die acht Schwimmer der Klasse, die die anderen Bedingungen erfüllt haben, vor dem Aufstieg zu dem Sprungturm. Ben ist der Letzte. Da dreht sich sein Vordermann Sven um: „Du siehst alles andere als glücklich aus, hast du Angst? Kann ich dir helfen?" Zuerst möchte Ben protestieren, dann nickt er nur betrübt mit dem Kopf. Sven lächelt ihm zu: „Weißt du, bis gestern hatte ich auch Angst vor dem ersten Sprung. Pass auf, ich verrate dir meinen Trick …"

Einsatztipps: Wie weit kann ich gehen, ohne dass mein Bruder (Schwester) eifersüchtig reagiert;
alternativ das habe ich gegen Wasserverschwendung unternommen; diese Marotte solltest du unbedingt ablegen.

3.3.2 Schnipselbild (1./2. Klasse)

Kompetenz: ein zerschnittenes Bild zu einem Ganzen zusammensetzen und damit die Thematik der Stunde vertiefend wiederholen

Aktion: Lehrer verteilt Briefumschläge mit einem zerschnittenen Bild zum Thema Freundschaft. Schüler arbeiten als Partnerpaar zusammen. Sie sortieren die Teile, sprechen darüber und setzen das Bild zusammen, sodass es ein Freundschaftsbild ergibt. Das fertige Bild wird auf einen Plakatkarton geklebt. Im Plenum werden die Bilder verglichen und die Zusammenstellung begründet.

3. Didaktisch-methodische Grundfragen des Ethikunterrichts

Einsatztipps: Bild über Naturkatastrophe zusammensetzen; eine typische Streitsituation
alternativ zusammenstellen; ein religiöses Symbol (z. B. Kreuz) zu einem Ganzen verbinden.

3.3.3 Kartencluster (3./4. Klasse)

Kompetenz: Regeln nach ihrer Sinnhaftigkeit hinterfragen und bewerten

Aktion: Lehrer gibt verbale Einführung in eine Situation. An der Tafelmitte befinden sich Papierstreifen mit möglichen Regeln. Schüler nehmen einen Streifen und befestigen ihn auf der Seitentafel: rechts sinnvolle Regel, links unsinnige Regel. Sie begründen nach dem Anheften ihre Entscheidung. Mitschüler können nachfragen, zustimmen oder protestieren.

Situation: „Der Förderverein hat ein tolles Klettergerüst auf dem Schulhof aufgestellt. Natürlich wollen alle Kinder gleichzeitig darauf spielen und klettern. Damit möglichst nichts passiert und jeder zu seinem Recht kommt, brauchen wir Regeln.

Welche Regeln sind für dich sinnvoll, welche unsinnig? Hefte die entsprechenden Streifen an die Seitentafel und begründe deine Entscheidung."

3. Didaktisch-methodische Grundfragen des Ethikunterrichts

- Klettergerüst klassenweise nutzen.
- Nur brave Kinder dürfen klettern.
- In der 1. Pause klettern nur Mädchen.
- Wer zuerst da ist, darf klettern.
- Jeder darf genau 5 Minuten klettern.
- Mehr als 10 Schüler gleichzeitig ist verboten.

Einsatztipps: Diese Maßnahme sorgt für eine saubere Umwelt, jene nicht;
alternativ solche Wünsche sind realisierbar, die anderen bleiben Utopie;
diese Umgangsformen kann ich akzeptieren, jene nicht.

3.3.4 Auf-dem-Kopf-Methode (3./4. Klasse)

Kompetenz: Naturschutz bewusst erfassen und gestalten

Aktion: Schüler erhalten ein Papier, auf dem Maßnahmen stehen oder gezeichnet sind, die der Umwelt schaden und nicht nutzen. Sie sollen die Fehler erfassen und die Maßnahmen so umformulieren bzw. zeichnen, dass ein effektiver Schutz der Umwelt sichtbar wird. Wichtig ist, dass sie die entsprechende Maßnahme auch selbst aktiv unterstützen können.

- Abfälle immer entsorgen, egal in welche Mülltonne.
- Hierein zeichnen. Äpfel, Batterien, Schuhe, Plastiktüte

So ist es richtig!

- Pausenbrote, die nicht schmecken, wegwerfen.
- Am Kiosk kaufe ich mir eine Safttüte.

Einsatztipps: In Konfliktsituationen bewusst „falsche" Gestik und Mimik einsetzen, Regeln für das
alternativ Zusammenwirken in der Klasse ad absurdum führen; Träume und Realität verwechseln.

3.3.5 Memo (3./4. Klasse)

Kompetenz: Umwelterhaltende Maßnahmen zuordnen und bewusstwerden lassen

Aktion: Die Klasse ist in Kleingruppen aufgeteilt. An jedem Gruppentisch liegt verdeckt eine Anzahl gleichgroßer Karten. Auf der verdeckten Seite ist entweder ein umweltschädigendes Verhalten beschrieben (gezeichnet) oder eine entsprechende die Umwelt schonende Maßnahme. Hier gilt es, die entsprechenden Karten zusammenzuführen. Gespielt wird wie im normalen Memo mit Aufdecken zweier Karten und wieder Zurücklegen, wenn sie nicht zusammenpassen. Paare, die zugeordnet sind, werden gesammelt.

3. Didaktisch-methodische Grundfragen des Ethikunterrichts

Auto auf dem eigenen Grundstück waschen.	Auto nur in der Waschanlage waschen.	Nach Verschreiben Blatt rausreißen und wegwerfen.
Beim Zähneputzen Wasser laufen lassen.	Beim Putzvorgang Wasserhahn zudrehen.	Blatt vollschreiben, Fehler berichtigen, z. B. durchstreichen.

Einsatztipps: Symbole (ewiges Licht) und Gotteshäuser (Kirche) zusammenbringen;
alternativ Schwäche (Angst) und Stärke (Mut) als Paar gegenüberstellen; Krisensituation (Außenseiter) und solidarisches Verhalten (Mitspielen).

3.3.6 Schreibimpuls (3./4. Klasse)

Kompetenz: Wahrheit sagen als wichtige menschliche Eigenschaft erkennen

Aktion: Lehrer präsentiert ein Bild mit Aufforderungscharakter. Schüler schreiben allein (oder als Partnerpaar) ihre Geschichte dazu auf.

Einsatztipps: Streit auf dem Schulhof: Warum streiten sich Schüler denn immer wieder?; Ich habe ein
alternativ Geheimnis verraten, wie fühle ich mich?; Aktivitäten in der Vorbereitungszeit für ein besonderes Fest.

3. Didaktisch-methodische Grundfragen des Ethikunterrichts

3.3.7 Akrostichon (3./4. Klasse)

Kompetenz: einen Fachbegriff mit Inhalt füllen

Aktion: Schüler erhalten als Partnerpaar ein Blatt mit folgendem Auftrag: „Schreibe ein Akrostichon zu folgendem Begriff: … Nach dem Ausfüllen werden die Ergebnisse im Plenum besprochen."

Schreibe ein Akrostichon zum Begriff: **E r f o l g r e i c h**

Schreibe die Buchstaben des Wortes untereinander. Jeder Buchstabe bildet den Anfang eines neues Wortes, Satzteiles oder Satzes, welches zu dem Thema passt.

E   eigenes Boot besitzen zum Wassersport
R
F
O
L
.
.
.

Einsatztipps: Freundschaft – Verhaltensweisen, die zu einer Freundschaft gehören;
alternativ   Naturkatastrophe – Ereignisse und Folgen, die mit einer solchen Katastrophe zusammenhängen; Gemeinschaft – Vor- und Nachteile eines Lebens in einer Gemeinschaft.

3.3.8 Live-View (1./2. Klasse)

Kompetenz: Gebetshaltungen als typisch religiöses Verhalten nachempfinden

Aktion: Die Schüler sitzen im Kreis. Eingeladen ist eine Person, die aus eigener Erfahrung berichten und zeigen kann. Für diese Altersgruppe ist das Mitbringen von Anschauungsmaterialien, Bildern oder Aktionen wesentliches Beobachtungsmittel. Durch das direkte Betrachten werden erarbeitete Inhalte verdeutlicht und vertieft.

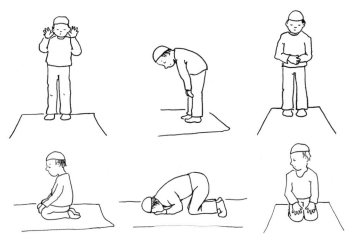

Ein Moslem zeigt die typischen Gebetshaltungen beim täglichen Gebet und die dazu benötigten Utensilien.

Einsatztipps: Bilder von Umweltkatastrophen wie Hochwasser; mit Figuren eine Freundschafts-
alternativ   szene nachstellen; Film eines besonderen Festes anschauen.

3. Didaktisch-methodische Grundfragen des Ethikunterrichts

3.3.9 Fishbowl (3./4. Klasse)

Kompetent: die Bedeutung von religiösen und kulturellen Traditionen nachempfinden

Aktion: Die Schüler sitzen in zwei Kreisen, einem Innen- und Außenkreis. Im Innenkreis sitzt ca. ein Drittel der Schüler, im Außenkreis die restlichen Schüler. Im Innenkreis stehen zusätzlich 1–2 leere Stühle. Auf einen Impuls des Lehrers sprechen die Innenkreisschüler über das vorgegebene Thema. Wenn jemand aus dem Außenkreis etwas sagen will, steht er auf und setzt sich auf einen freien Stuhl. Er erhält dann als Nächster das Wort. Hat er seinen Beitrag geleistet, setzt er sich wieder in den Außenkreis zurück. Durch die direkte spontane Kontaktaufnahme ist die Mitarbeit aller Schüler erfahrungsgemäß intensiver als beim normalen Gespräch. Der Lehrer kann den Ablauf durch Kommentare und Impuls steuern. Die Schüler aus Innen- und Außenkreis können im Verlauf wechseln.

Ausgangsimpuls: Ihr habt in den vergangenen Stunden verschiedene religiöse oder kulturelle Traditionen kennengelernt. Zählt noch mal einige der Traditionen auf und erläutert sie. Ein Beitrag sollte nie länger als 1–2 Sätze lang sein.

Weiterer Impuls: Ich behaupte, eine Welt, in der es keine Traditionen mehr gibt, in der diese einfach abgeschafft oder nicht mehr gefeiert werden, ist eine leere Welt, wie ein dunkles, trauriges Loch oder bildlich ausgedrückt: wie ein Teich ohne Wasser.

Einsatztipps: Diskussionsrunde über den Schwerpunkt: Träume und ihre Realisierbarkeit;
alternativ die Natur fordert uns heraus – Antworten der Natur auf menschliches Fehlverhalten; Ich bin der typische Pechvogel – muss das so sein?

3.3.10 Mosaik (3./4. Klasse)

Kompetenz: mythische Erzählungen verstehen und deuten

Aktion: Schüler sitzen in Kleingruppen. Lehrer gibt jeder Gruppe eine Vorlage mit stichpunktartigen Auszügen zu einer antiken Flutgeschichte. Die Vorlagen können für alle Gruppen gleich oder verschieden sein. Die Gruppen sprechen über die Inhalte, schneiden diese auseinander, ordnen sie und versuchen, einen Zusammenhang herzustellen. Dabei können die Vorlagentexte in der sachlich richtigen Reihenfolge aufgeklebt und farblich ausgestaltet werden. Je nach Intention werden die fertigen Werke der Klasse vorgestellt oder die Geschichte in möglichst freier Form der Klasse präsentiert, wobei möglichst alle Gruppenmitglieder einen Part übernehmen sollten.

Beispiel: Mosaik zur babylonischen Fluterzählung; biblischer Bericht zur Arche Noah
alternativ:

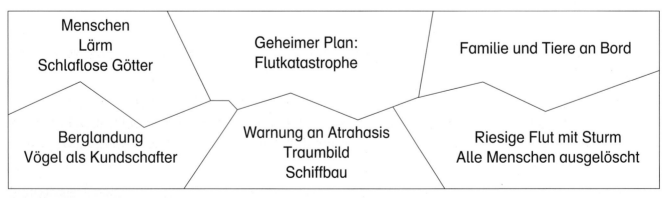

Einsatztipps: Maßnahmen zum Schutz der Lebensraumerhaltung von Tieren und Pflanzen;
alternativ Gestaltung und Ablauf einer Pilgerreise; Regeln für die Zusammenarbeit in einer Gruppe.

3.4 Lernerfolg/Leistungsmessung

Wie in jedem Unterrichtsfach gilt auch für Ethik, dass der Leistungszuwachs und die gezeigten Leistungen angemessen zu beurteilen und zu bewerten sind, schließlich gilt auch für Ethik die Notenskala von 1–6. Zudem hat jeder Schüler einen Anspruch auf eine objektive und angemessene Rückmeldung seiner gezeigten Leistungen.

3.4.1 Kriterien für die Leistungskontrolle im Ethikunterricht

Gerade Letzteres fordert im Ethikunterricht besonders heraus. Eigene persönliche Meinung und individuelle Haltungen zu ethischen Fragestellungen selbst sind nicht benotbar, wohl aber die Fähigkeit zur Argumentation und Begründung von Entscheidungen und Verhaltensweisen sowie deren Anwendung in Beispielsituationen.

Führt man sich die allgemeine Zielsetzung des Ethikunterrichts vor Augen (s. Kapitel 1.3), dann wird rasch deutlich, dass eine Leistungsmessung über das reproduktive Wissen hinausgeht. Die Schüler entwickeln auf Grundlage erworbener Sachkenntnisse ihre eigene Meinung, können diese begründen, kritisch hinterfragen und abwägen und schulen so in besonderer Weise ihre Urteilsfähigkeit. Dabei spielt die Identifikation mit den Menschen in bestimmten Situationen, das Jonglieren mit unterschiedlichen Handlungsmustern und -alternativen sowie das dafür notwendige fantasierende oder kreative Denken eine herausragende Rolle.

Um dabei objektiv und angemessen bewerten zu können, sind in der Schule gemeinsam zu vereinbarende Kriterien der Leistungsfeststellung und -beurteilung zu entwickeln und für alle Beteiligten (Kollegium, Schüler und Elternschaft) transparent zu halten. Dabei sollte für Leistungsrückmeldungen eine schülergemäße und kommunikative Form gefunden werden, in der die direkt Betroffenen die entsprechende Rückmeldung bei Epochalnoten, Gruppenarbeiten, Lerntagebüchern oder Freiarbeitsmappen erhalten.

Es gibt im Ethikunterricht Themen, bei denen das Sachwissen im Vordergrund steht, die auch transparent und verständlich das geforderte Wissensbild wiederspiegeln, z. B. die 5 Säulen des Islam, Festtage im Jahreskreis oder schädigende Faktoren für die Umwelt. Relativ objektiv kontrollierbar sind auch die Fähigkeiten der Ausgestaltung von Plakaten, Collagen, Bildern oder Spielszenen, z. B. eine Collage über Umweltschäden, verschiedene Lebensgewohnheiten oder Menschen beim Beten.

Gut beurteilbar ist ebenfalls die Fähigkeit im Bereich der Arbeitsorganisation, z. B. Aufgabenverteilung und -übernahme in der Gruppenarbeit, Absprachen in der Erarbeitungsphase oder eigenständiges Fragen bzw. Nachforschen.

Weitere Beurteilungskriterien sind das Beherrschen und Einhalten von Gesprächsregeln, die Fähigkeit des Zuhörens und Eingehens auf den Vorredner sowie die Möglichkeit der Impulssetzung bei stockenden Gesprächen.

Letztlich bedürfen noch die mentalen Fähigkeiten der Bewertung, die Möglichkeit zu argumentieren, zu analysieren, zu kritisieren, um Lösungswege aufzuzeigen sowie das Hineinversetzen in andere Sichtweisen und Denkmodelle. Dazu gehört auch das Zeigen von Toleranz und Achtung der Überzeugungen anderer.

Zusammenfassend sollten folgende vier Schwerpunkte bei der Leistungsmessung und Feststellung des Lernerfolgs berücksichtigt werden:

3. Didaktisch-methodische Grundfragen des Ethikunterrichts

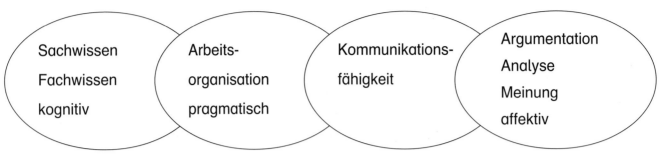

3.4.2 praktische Hinweise für Lernkontrollen

Abfragen von Fachwissen:

- **Fragen/Impulse zu einem Thema:** Wie heißen die 5 Säulen des Islam?; Erkläre den Begriff „Hadsch"!; Welche Konfliktlösungswege kennst du?; Wie drückt sich Angst in der Situation aus?
- **Begriff/Bildzuordnung:** 7-armiger Leuchter – Synagoge (Gegenstand/Gotteshaus); Brautpaar – Hochzeit (typische Person/Feier); Hufeisen – Glücksbringer (Symbol/Gemütszustand); Felsen – unbelebte Natur (Beispiel/Naturart)
- **Rätsel:**

		m	y	**t**	h	o	s		
a	r	c	h	**e**					
			v	**i**	e	r	z	i	g
		b	e	r	**g**				

Sagenähnliche Erzählung
Name des Schiffes von Noah
Dauer der Flut in Tagen
Hier landete das Schiff

mit Lösungswort

- **Mindmap:** Fülle das entsprechende Raster aus, ordne z. B. die Begriffe ein (vom Menschen gemacht, lebende Natur, unbelebte Natur)

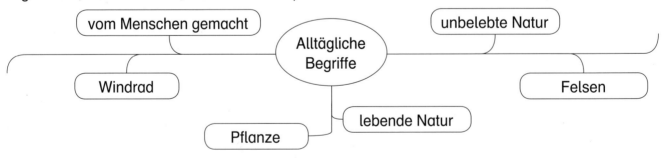

- **Lückentext**: verschiedene Fachbegriffe sind einzusetzen

… Vor dem Betreten der _____ zieht sich der gläubige Moslem die _____

aus und wäscht sich die _____. Im Gotteshaus stehen die Betenden Richtung

_____, das durch die _____ angezeigt wird. ….

(einzusetzende Begriffe: Moschee, Schuhe, Hände, Mekka, Kibla)

3. Didaktisch-methodische Grundfragen des Ethikunterrichts

- **Ankreuzverfahren (multiple-choice):** richtige Aussagen ankreuzen
  - ☐ Das Zuckerfest ist ein staatlicher Feiertag.
  - ☐ Das Zuckerfest ist ein christlicher Feiertag.
  - ☐ Das Zuckerfest beendet den Fastenmonat Ramadan.
  - ☐ Mit dem Zuckerfest beginnt die Fastenzeit.

  - ☐ Die Menschenrechte gelten für alle Menschen.
  - ☐ Die Menschenrechte gelten nur in Europa und Amerika.
  - ☐ Die Menschenrechte sind im Grundgesetz verankert.
  - ☐ Die Menschenrechte können jederzeit geändert werden.

- **Begriffe von A–Z:** Hier werden zu einem Kernbegriff Wörter eingetragen, die möglichst alle Anfangsbuchstaben von A–Z umfassen.

  Kernbegriff: Erfolg und Misserfolg

  A – Anstrengung
  B – Beharren
  C – Chance nutzen
  .
  .
  .
  V – Versagen
  W – Wagemut
  Z – Zögern

- **Fehler finden/Fehler berichtigen:** zwischen richtigen und falschen Aussagen entscheiden und die falschen verbessern
  - ☐ Jeder gläubige Christ sollte mindestens einmal im Leben eine Wallfahrt nach Mekka unternehmen. (Christ ist falsch, richtige Lösung: Moslem)
  - ☐ Widersprechen ist ein wichtiger Vorgang in der menschlichen Kommunikation. (richtig)
  - ☐ Wer immer Pech hat, sollte besser Lotto spielen und sich auf die faule Haut legen. (Lotto spielen und sich auf die faule Haut legen ist falsch, dagegen angehen und sich anstrengen ist richtig)

Argumentieren, Kritisieren, Stellung beziehen:

- **Fallanalyse:** Vorlage kann ein Bild oder eine Situationsschilderung sein, die von den Schülern beschrieben, gedeutet, und letztlich zu ihrer eigenen, begründeten Meinung und Entscheidung führt.

  Fallschilderung: Kurz vor Spielende gibt es einen Elfmeter. Wenn dieser ins Tor geht, steht es 1:1 und damit ist für die Mannschaft von Timo die Meisterschaft gewonnen. Als keiner den Elfer schießen will, fasst sich Timo ein Herz. Leider knallt er den Ball gegen den rechten Pfosten – der Traum von der Meisterschaft ist vorbei, denn Sekunden später wird das Spiel abgepfiffen. Der Trainer tobt am Spielfeldrand und beschimpft Timo als Versager. Die Mitspieler schließen sich dieser Meinung an und lassen den betrübten Timo alleine auf dem Platz stehen. Ronny, der Torwart, kommt herbei und wird von den Mitspielern aufgefordert, mit in die Kabine zu gehen und den Versager links liegen zu lassen. Ronny reagiert spontan …

  Aufgabe: Versetze dich in die Lage von Ronny. Entscheide dich und begründe, wie du an Ronnys Stelle reagieren würdest.

3. Didaktisch-methodische Grundfragen des Ethikunterrichts

- **Karikatur-Analyse**: Beim Beschreiben und Deuten einer Karikatur erworbenes Wissen bzw. Kenntnisse anwenden und diese in den gezeigten Sachzusammenhang bringen. Dazu kann auch die eigene Meinung vertreten oder von der Aufgabenstellung verlangt werden.

- **Karikatur entwerfen**: Zu einem kritikwürdigen Sachverhalt eine eigene Karikatur zeichnen und gegebenenfalls beschriften, um so zum Nachdenken oder Hinterfragen anzuleiten.

  „Zeichne eine Karikatur zu folgendem Thema: Beachte die Goldene Regel – sie sorgt für Gerechtigkeit und Gleichheit."

- **Deine Meinung ist gefragt**: eine begründete Stellungnahme zu einer bestimmten Aussage abgeben

  | Solidarität hört da auf, wo sie dir selbst schadet. | Toleranz bedeutet, über den eigenen Schatten zu springen. |

- **Pro-contra-Argumentation**: Argumente für und gegen einen Sachverhalt, eine Frage oder ein Diskussionsthema gegenüberstellen und seine persönliche Meinung dazu entwickeln.

  Diskussionsthema: Jeder Mensch ist auf Hilfe von anderen Menschen angewiesen.

Pro-Argumente	Contra-Argumente

Meine Meinung:
_____
_____
_____

3.5 Hausaufgaben

Über Sinnhaftigkeit und Bedeutung von Hausaufgaben wird in der pädagogisch-didaktischen Diskussion heftig gestritten. Sind Hausaufgaben eine sinnvolle Ergänzung zum behandelten Unterrichtsstoff oder nur stumpfe Beschäftigungstherapie, weil Stunden ohne Hausaufgaben keine guten Stunden sind? Werden die Schüler, die ohne Hausaufgaben in der Schule auskommen, die besseren oder schlechteren Lerner? Verursachen Hausaufgaben in Familien unnötigen Stress oder dienen sie wirklich der Festigung angebahnter Kompetenzen? Dies sind nur einige der häufig gestellten Fragen.

Für den Ethikunterricht in der Grundschule scheinen mir Hausaufgaben unter einem zweifachen Aspekt relevant: als vorbereitende oder weiterführende Aufgabe, die den täglichen Unterricht entlasten und die Schüler in besonderer Weise in die Unterrichtsgestaltung einbinden.

3.5.1 Vorbereitende Hausaufgaben

Vorbereitende Hausaufgaben umschreiben den Auftrag an die Schüler, für die nachfolgende Unterrichtsstunde vorbereitende Aufträge zu bearbeiten und deren Ergebnisse mitzubringen. Auf diese wird dann im Unterricht zurückgegriffen, um so zu einer detaillierten Auseinandersetzung mit einem Thema beizutragen. Dies kann für die Schüler zu einer besonderen Motivation und Zielgerichtetheit führen, da sie direkt erfahren, dass ihre häusliche Arbeit Grundlage des Unterrichts wird bzw. dass ohne diese Arbeit wesentliche, von den Schülern selbst gewonnene Informationen fehlen. Damit ist diese Art der Hausaufgaben in besonderer Weise geeignet, Schüleraktivität und -selbsttätigkeit miteinander zu verknüpfen, zur Kommunikation anzuregen und Ergebnisse zielorientiert zu präsentieren.

Die folgenden beiden Hausaufgaben verdeutlichen die obigen Überlegungen an konkreten Beispielen:

Vernissage

Kompetenz: Die Schüler präsentieren eine zu Hause vorbereitete Arbeit und gestalten somit den Unterrichtseinstieg.

Aktion: Die vorbereitende Hausaufgabe lautete: Erstellt in Kleingruppen eine Collage mit Bildern, Zeichnungen, Texten zum Thema: „Menschen mit Behinderungen in unserer Gesellschaft" auf einem DIN-A3-Plakat. Überlegt dabei auch, warum ihr gerade diese Beiträge ausgewählt habt und wie ihr die Collage erklären möchtet. Zu Beginn der Stunde legt jede Kleingruppe ihre fertige Collage auf einen Tisch, der an unterschiedlichen Stellen des Klassenraumes platziert ist. Die Schüler gehen anschließend zwanglos durch die Klasse und sehen sich die einzelnen Werke an. Auf ein Zeichen des Lehrers sammeln sich alle in der Klassenmitte. Anschließend geht die Klasse von Tisch zu Tisch und lässt sich von der jeweiligen Kleingruppe ihre Collage erklären. Dabei können Fragen gestellt und Unverstandenes erklärt werden. In der anschließenden Unterrichtsphase folgt dann die Besprechung, Auswertung und Ergebnisskizzierung der aus den Collagen gewonnenen Erkenntnisse.

3. Didaktisch-methodische Grundfragen des Ethikunterrichts

Bilder-Kiosk

Kompetenz: themengebundene Bilder und damit unterschiedliche Sichtweisen vorbereitend sammeln

Aktion: Schüler suchen als Hausaufgabe Bilder, Postkarten, Fotos oder Zeichnungen zu einem Thema (vom Pech verfolgt) und entscheiden sich für ein Medium. Die Medien werden in der Raummitte auf mehreren Tischen (oder dem Boden) sichtbar ausgelegt. Damit mehr Medien als Teilnehmer vorhanden sind, ergänzt der Lehrer die Sammlung. Die Schüler gehen jetzt um die Bilder herum, betrachten diese und suchen sich das Medium aus, das ihnen am meisten zusagt. Anschließend setzen sie sich in einen Stuhlkreis. Nun stellt jeder Schüler sein ausgewähltes Medium vor, begründet, was er damit verbindet und warum es seiner Meinung nach zum Thema passt. Im weiteren Unterrichtsverlauf werden die Bildinhalte gebündelt und als Grundlage für die anschließende Erarbeitung verwendet.

Andere vorbereitende Hausaufgaben sind z. B.:

- **Schülerlesung**, d. h. die Schüler tragen einen als Hausaufgabe zu erlesenen Text am Lesepult vor, um so im Anschluss das Gemeinsame als Stundenthema festzuhalten.

- **Fragebogenaktion**, d. h. die Schüler bereiten durch eine Befragung mithilfe eines Fragebogens den Einstieg in die Stunde vor, indem so unterschiedliche Meinungen und Einstellungen sichtbar gemacht werden können.

- **Museumsinsel**, d. h. die Schüler bringen Gegenstände mit, die typisch für ein Thema sind und legen diese wie in einem Museum auf den Schülertischen aus.

3.5.2 Weiterführende Hausaufgaben

Kenntnisse, Einsichten oder Handlungsweisen, die im Unterricht besprochen und erworben wurden, können durch eine weiterführende Hausaufgabe angewandt, vertieft oder erweitert werden. Gerade diese Zielsetzungen ermöglichen im Ethikunterricht Themengebiete auszudehnen und neue Fragestellungen anzugehen, um so zusätzliche Sichtweisen, Meinungen oder Aspekte einzubringen. Für die Schüler bedeutet dies, eine weitere vertiefende Beschäftigung mit einem Thema in Eigenregie bzw. Eigeninitiative. Dabei ist es durchaus denkbar, dass entsprechende Fragestellungen und Anregungen aus der Motivation der Schüler selbst erwachsen und zur Bearbeitung herausfordern.

Auch bei weiterführenden Hausaufgaben sollten die Selbsttätigkeit, die Kommunikation sowie Prinzipien der Arbeitsteilung und des sozialen Miteinanders einbezogen werden. Aufträge, die in Partner- oder Kleingruppenarbeit zu erledigen sind, zwingen zum Gespräch, zur Diskussion und Einigung bzw. Kompromissbereitschaft. Wichtig ist auch die eigentlich selbstverständliche Forderung, dass weiterführende Hausaufgaben von der jeweiligen Thematik abhängen, also keine regelmäßig zu stellenden Aufgaben sein können. Sind sie aber gestellt, dann müssen sie in die Unterrichtsarbeit eingebunden und entsprechend gewürdigt werden.

Die folgenden praktischen Beispiele verdeutlichen die mannigfachen Möglichkeiten, sinnvoll weiterführende Hausaufgaben zu stellen.

3. Didaktisch-methodische Grundfragen des Ethikunterrichts

Plädoyer

Kompetenz: über die Identifikation eine Eigenschaft (lügen) bewusst hinterfragen

Aktion: Die gestellte Hausaufgabe verlangt, zusammen mit einem Partner die in der Stunde besprochenen Aspekte eines Themas in Form eines Plädoyers zusammenzufassen. Dieses soll dann so vorgetragen werden, dass die Pro-Seite (Ankläger) bzw. Contra-Seite (Verteidiger) genau erkennbar und nachvollziehbar ist. Dabei schlüpfen die Schüler in die entsprechende Rolle, identifizieren sich mit ihr und bereiten so gemeinsam ihr Plädoyer vor. Welche Form gewählt wird, pro – contra, ist frei wählbar oder wird ausgelost. Die nächste Stunde beginnt mit der Vorstellung der beiden Plädoyers und der Aussprache, wer die besseren, wichtigeren, einleuchtenden und gefühlsbetonten Argumente und Beweise geliefert hat.

Thema: Lügen dürfen manchmal sein – Lügen sind grundsätzlich untersagt

Luka soll mit der Mutter die Oma im Krankenhaus besuchen. Er erzählt ihr, dass er unbedingt zu Timi gehen muss, da beide eine Partnerarbeit für den nächsten Schulmorgen erstellen müssen. Am Nachmittag spielen die beiden gut gelaunt bis zum Abend. Für die Schule machen sie nichts.

Wege durch ein Labyrinth

Kompetenz: unterschiedliche Entscheidungswege im Hinblick auf ein Ziel gedanklich bewältigen

Aktion: Schüler bearbeiten ein Hausaufgabenblatt mit der Aufgabe: Wie kannst du das gesteckte Ziel erreichen, welche Irrwege können dir dabei begegnen? Gestalte die Vorlage und beschrifte die markierten Stellen mit Stichworten:

  Irrwege mit einem ☹ z. B. Zimmer nicht aufgeräumt;

  Zielwege mit einem ☺ z. B. Straße freiwillig gefegt

Aufgabe: Hanna wünscht sich das neueste Handy zum Geburtstag. Sie weiß, dass ihr Verhalten zu Hause mit entscheidet, ob der Wunsch in Erfüllung geht. Trage in das Labyrinth Irrwege und Zielwege ein, suche den Weg, der zum Ziel führt und gestalte die markierten Stellen mit Symbol und Stichwort. Du solltest mündlich begründen können, warum das jeweilige Verhalten hilft oder behindert.

3. Didaktisch-methodische Grundfragen des Ethikunterrichts

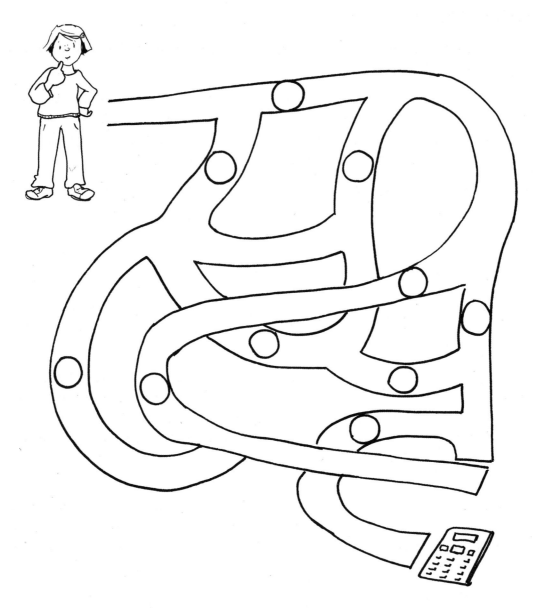

Andere weiterführende Hausaufgaben sind z. B.:

Quartettspiel, d. h. die Schüler erstellen in Kleingruppen zu einem Teilthema vier Quartettkarten in DIN A6 und gestalten diese mit Bild und Text aus. Bei vier Kleingruppen erhält man ein Spiel mit 16 Karten. (Bsp: Erfolg, Misserfolg, Ursachen, Folgen)

Heilloses Durcheinander, d. h. die Schüler bringen eine unstrukturierte Vorlage in ein überschaubares Schaubild.

Geflügelte Worte, d. h. die Schüler erhalten Aussagen berühmter Menschen über ein Thema (lügen). Sie begründen, welche Aussage ihnen dazu am besten gefällt und erfinden eine belegende Geschichte.

3. Didaktisch-methodische Grundfragen des Ethikunterrichts

3.6 Aktueller Bezug

Neben den in Kapitel 2 beschriebenen Themenfeldern gehört auch der Einbezug der Aktualität mit zu den Aufgaben des Ethikunterrichts.

In unserer digitalisierten Medienwelt bleibt kaum noch etwas verborgen. Egal, wo ein Ereignis auf der Erde stattfindet, es verbreitet sich in Sekundenschnelle über das Internet und wird somit für jeden zugänglich. Es liegt auf der Hand, dass auch schon Grundschüler viele Ereignisse und Vorkommnisse erfahren, die ihnen früher verborgen geblieben wären.

Bei besonders tragischen oder spektakulären Geschehnissen ist es Aufgabe der Schule, diese im Unterricht aufzugreifen, zu analysieren und deren Ursachen kritisch zu hinterfragen. Dem Schüler sachliche Informationen zu geben, ihn nicht mit Schlagzeilen oder Halbwahrheiten allein zu lassen und so mögliche Ängste und Befürchtungen abzubauen sind hierbei die konkreten Zielsetzungen. Ein Feld für solche Betrachtungen ist der Ethikunterricht, da er – von seiner grundsätzlichen Zielgestaltung her (vgl. Kapitel 1.3) – in besonderer Weise die durch ein Ereignis ausgelöste Gefühlslage der Schüler aufgreifen, thematisieren und bewerten kann, um so letztlich zu einer begründeten eigenen Meinung zu gelangen. So stehen ethische Grundfragen des menschlichen Zusammenlebens im Fokus des Geschehens und seiner Betrachtung.

Bei solchen Ereignissen kann es sich sowohl um überregionale Katastrophen, z. B. Flugzeugabsturz, Wirbelsturm, Terroranschlag, als auch um regionale Erscheinungen oder einen Schüler persönlich betreffende Situationen handeln. In meiner Praxis habe ich so den Anschlag vom 11. September auf das World-Trade-Center, den Selbstmord der Oberbürgermeisterin, den Brand in der eigenen Schule oder den Unfalltod eines Neuntklässlers im Ethik- bzw. Religionsunterricht aufgegriffen und thematisiert.

Der Einbezug eines solchen aktuellen Geschehens baut – neben der allgemeinen Neugierhaltung – auf der emotionalen Betroffenheit der Schüler auf, sei es, dass sie selbst (auch weitläufig) zu den Betroffenen zählen, sei es, dass ein Zeuge, der das Geschehen miterlebt hat oder konkret davon berichten kann, in den Unterricht geladen wird.

Die folgenden beiden Beispiele sind nicht konstruiert, sondern haben in der Realität stattgefunden.

a) Ereignis: Absturz des German-Wings-Flugzeuges in den französischen Alpen

Obwohl ein Flugzeugabsturz ein dramatisches Ereignis darstellt, wird diese Thematik normalerweise nicht (unter dem Gesichtspunkt der Aktualität) im Unterricht behandelt. In diesem Fall traten die Schüler einer 4. Klasse mit mehreren Fragen an den Ethiklehrer heran:
- Warum begehen Menschen Selbstmord?
- Darf man unschuldige Menschen mit in den Tod reißen?
- Wer wird dafür jetzt bestraft?
- Was sollen die betroffenen Angehörigen davon halten?

Verstärkt wurde diese Fragehaltung durch die Tatsache, dass unter den Opfern eine junge Frau war, die gerade ihre Ausbildung bei einer Zeitung absolvierte und die einige Wochen vorher Schüler der Klasse bei einer Besichtigung des Druckhauses begleitet hatte.

Unter Berücksichtigung dieses sensiblen Themas Tod wurden in den folgenden beiden Unterrichtsstunden folgende Schwerpunkte behandelt:

3. Didaktisch-methodische Grundfragen des Ethikunterrichts

Warum nehmen sich Menschen das Leben?
- Ausgangspunkt: Fallbeispiel eines Jugendlichen, der aus Verzweiflung und ständigen Misserfolgen in Schule und Elternhaus Selbstmord begangen hat
- Textarbeit: Herausfiltern und besprechen der Gründe zum Selbstmord
- Einbringen eigener Erfahrungen (aus Miterlebtem, Gelesenem oder in Fernsehen Gesehenem)
- Abstraktion der Gründe und Hinterfragen deren Sinnhaftigkeit

Welches Leid umfängt die Angehörigen des Opfers?
- Gefühlschaos deuten, evtl. im Stegreifspiel darstellen
- Identifikation mit den Betroffenen (Eltern, Geschwister, Freunde)
- zeichnerischer Ausdruck von Trauer

Wie kann den Betroffenen Mut und Zuversicht vermittelt werden?
- Brainstorming: Mutmachen und helfen
- Analyse der Vorschläge in Partnerarbeit
- Konkrete Maßnahmen absprechen und durchführen: Gedenkminute im Unterricht einlegen, Brief an die Zeitung schreiben, um die Anteilnahme auszudrücken

b) Artgerechte Tierhaltung im Zirkus

Als im Frühjahr ein Zirkus in der Stadt gastierte und mit Plakaten für Vorstellungen und Tierschau warb, wurden diese teilweise von Tierschützern mit Schlagworten wie „Freiheit für Zirkustiere" oder „keine artgerechte Haltung im Zirkus" überklebt. Diese Schlagworte brachten die Schüler mit in die Schule, waren verunsichert und verlangten Aufklärung und Informationen, zumal sich viele auf die Zirkusvorstellungen freuten. Dies sollte nach Absprache im Ethikunterricht geschehen.

Die Presse berichtete am nächsten Tag ausführlich über ein Interview mit dem Zirkusdirektor, der die Vorwürfe argumentativ widerlegte. Als Gegenpol lud der Lehrer einen Vertreter des Tierschutzvereines ein, der den Schülern Rede und Antwort stand.

Aufbauend auf den unterschiedlichen Argumentationen und Belegen konnten die Schüler letztlich – aufgrund einer Pro-Contra-Gegenüberstellung, selbst ihre begründete persönliche Meinung zu dem Sachverhalt formulieren und damit zwei wichtige Kompetenzen des Ethikunterrichts, empfänglich werden für berechtigte Belange des Tierschutzes bzw. Maßnahmen und Argumente kritisch hinterfragen, erfolgreich anwenden.

3.7 Außerschulische Lernorte/Exkursionen

Eine nicht nur von Schülern gern gesehene Abwechslung im täglichen Unterricht bringt die Verlagerung von Themen in außerschulische Lernorte. Die Schüler erarbeiten den zu vermittelnden Unterrichtsstoff außerhalb der gewohnten Umgebung des Klassen- oder Fachraumes. Dieses Durchbrechen des Schulalltags erhöht die Motivation, Aufmerksamkeit und Aufnahmefähigkeit in besonderem Maße, da die andere Lernatmosphäre eine veränderte Grundstimmung und Lernbereitschaft mit sich zieht. Somit kann die effektive Nutzung der Lern- und Arbeitszeit anders gestaltet und wahrscheinlich erhöht werden, da sowohl die fachspezifischen Ziele wie auch die allgemeinen anzustrebenden Kompetenzen herausgefordert und geübt werden.

Außerschulische Lernorte können dabei nicht nur außerhalb der Schule, meist verbunden mit einem Unterrichtsgang oder einer Exkursion, sondern auch im direkten Schulumfeld liegen.

3. Didaktisch-methodische Grundfragen des Ethikunterrichts

Die im Folgenden skizzierten Beispiele bieten Anregungen zur Nutzung dieser pädagogischen Möglichkeit. Meist werden gerade bei dieser Art des Unterrichts die sozialen und gemeinschaftlichen Aspekte besonders angesprochen, die aber ohne entsprechende inhaltliche Ausrichtung leer bleiben.

Unterrichtsgang: Friedhof

Kompetenz: Friedhof als Ort des Erinnerns und seine Bedeutung für das Leben verstehen

Aktion: Nachdem im Unterricht über das Thema Tod gesprochen wurde, steht als Unterrichtsgang der Besuch eines Friedhofes an. Dabei werden folgende Intentionen verfolgt:
- Friedhof als Ort der Trauer
- Friedhof als Ort der Erinnerung
- Friedhof und seine besondere emotionale Atmosphäre
- Friedhof und seine Besuchsregeln

Dazu werden folgende Aufgaben an einzelne Kleingruppen verteilt:
- Welche Informationen können wir Grabinschriften entnehmen und was bedeuten diese für die Betroffenen?
- Welche Atmosphäre herrscht auf dem Friedhofsgelände und wie verhalten sich die Menschen dort?
- Welchen Inhalt hat die Besucherordnung und warum wird sie wohl erstellt?
- Warum besuchen Menschen den Friedhof? Befragung von Friedhofsbesuchern.

Schon vor dem Unterrichtsgang soll den Schüler bewusst sein, dass
- der Friedhof für viele Besucher ein besonderer Ort ist, dass man sich
- dort pietätvoll verhält und die Achtung der Totenruhe eine ethische Grundüberzeugung darstellt.
- Je nach Zeit kann die Auswertung des Besuches sowohl am Ort selbst wie später im Klassenraum durchgeführt werden.

Andere Möglichkeiten des Einbezugs außerschulischer Lernorte:
- Besuch eines Gotteshauses (Kirche, Moschee, Synagoge) mit Führung und Erklärung durch einen „Fachmann",
- Forschungsauftrag im Ort oder Stadtteil: religiöse Symbole, Zeichen, Hinweise jeder Art suchen, aufschreiben oder fotografieren,
- Fragebogenaktion durchführen mit Passanten zu einem speziellen Thema, z. B.: Was ist für Sie im Alltag ungerecht?
- Bei einem Rundgang durch die Stadt umweltschädigendes Verhalten beobachten, ein Spaziergang durch die Natur mit gezielten Beobachtungsaufträgen, z. B.: Was hast du Überraschendes oder Neues entdeckt?
- Besuch einer besonderen religiös oder kulturell motivierten Veranstaltung, z. B. ein Gedenkmarsch oder eine Bittprozession.

Naturbeobachtung auf der Schulwiese

Kompetenz: die Ausdrucksformen von Natur bewusst wahrnehmen

Aktion: Lehrer geht mit seiner Schulklasse aufs Außengelände der Schule, dort wo Natur besonders erfahrbar und spürbar ist. Dies kann eine Wiese, ein Biotop, ein Garten, der Rand einer Hecke, … sein. Die Schüler erhalten den Auftrag, sich einen gemütlichen Platz zu suchen und sich dort niederzulassen. Notizblock und Stifte sollen am Mann sein.

3. Didaktisch-methodische Grundfragen des Ethikunterrichts

Die Schüler können notieren, skizzieren oder zeichnen:
- was sie bewegt und wie sie sich fühlen,
- was sie beobachten,
- wie dieses auf sie wirkt,
- welche Fragen ihnen durch den Kopf gehen.

Nach dieser Phase der Einzelarbeit trifft man sich an einem geeigneten Platz, um die Erfahrungen, Beobachtungen und Fragen auszutauschen.

Andere Möglichkeiten des Einbezugs des direkten Schulumfeldes:
- Spiele auf dem Schulhof, um Gemeinschaftssinn zu spüren und aktiv mitzugestalten,
- auf dem Schulgelände einen besonderen Ritus nachstellen, z. B. eine Prozession,
- auf dem Schulgelände Umweltverschmutzung lokalisieren,
- an einer passenden Stelle des Schulgeländes (Biotop, Blumenwiese, …) Zukunftsträume entwickeln,
- auf dem Schulhof Formen der Kommunikation, insbesondere Gesten, Zeichen oder Körpersprache, spielerisch bewältigen,
- Zivilcourage in Rollenspielen auf dem Schulhof üben und bewerten (z. B. bei einer Prügelei angemessen zu reagieren).

3.8 Differenzierung

Zu den Grundgegebenheiten der heutigen Schule gehört eine heterogene Zusammensetzung der Schulklassen bzw. Lerngruppen. Heterogen bedeutet dabei, dass Schüler in einer Gemeinschaft (Klasse, Kurs oder Lerngruppe) zusammen sind, die unterschiedlich begabt sind, verschieden schnell auffassen, differente Ausgangsvoraussetzungen mitbringen, in ihrem Lern- und Arbeitstempo variieren sowie auf unterschiedlichen Fertigkeiten aufbauen. Daher muss die didaktisch-pädagogische Maxime, dem Schüler mit einem differenzierten Unterrichtsangebot zu begegnen, um jedem sein Erfolgserlebnis vermitteln zu können, natürlich auch für den Ethikunterricht in der Grundschule gelten.

Grundsätzlich bedeutet differenzierter Unterricht, für die Schüler der Klasse ein entsprechendes Angebot vorzuhalten, um letztlich gemeinsame Grundkenntnisse zu erreichen. Hierzu bieten unterschiedliche Kompetenzstufen der allgemeinen Bildungsstandards die theoretischen Grundlagen, die für jedes Fach mit Inhalt zu füllen sind (s. hierzu Kapitel 1.4)

Differenzierbar in der täglichen Unterrichtsarbeit sind sowohl die angebotenen Materialien, die zu bearbeitenden Aufträge als auch der geforderte Umgang mit diesen.

Alle für die Bearbeitung von Unterrichtsinhalten eingesetzten Materialien (Schulbücher, Arbeitshefte, Vorlagen oder selbstgestaltete Arbeitsblätter) sind stets auf die Bedürfnisse und Voraussetzungen der konkreten Klasse oder Lerngruppe abzustimmen. Um die Schüler zu den gesetzten Unterrichtszielen zu führen, muss die Gestaltung jedes Arbeitspapiers unterschiedliche Begabungen und Fertigkeiten berücksichtigen. Dies kann z. B. durch eine besondere Kennzeichnung der Arbeitsaufträge und Materialien geschehen, die vom Schwierigkeitsgrad her variieren und dem Schüler für die Bearbeitung eine Hilfestellung vorgeben.

3. Didaktisch-methodische Grundfragen des Ethikunterrichts

Arbeitspapier zum Thema: Bei Streit fühlt man sich nicht gut

Zielsetzung: Empfindungen und Gefühle der von einem Streit betroffenen Personen erkennen, nachempfinden und ausdrücken

Ausgangsimpuls ist eine konkrete Situationsschilderung:

Warum ?

Jule dreht sich bewusst von ihrer Klassenkameradin Laura weg. Sie hat die Arme vor ihrer Brust verschränkt. Ihr Gesicht zeigt eine beleidigte Mine mit einer breiten Schnute, so wie 7 Tage Regenwetter.

Jule ist in der Klasse sehr beliebt und wird fast ausschließlich als Partner für irgendwelche besonderen Aufgaben gewählt. Als Laura heute von ihrer Klassenlehrerin den Blumen- und Ordnungsdienst für zwei Wochen übertragen bekam, durfte sie sich jemanden wählen, mit dem sie gemeinsam diese Aufgabe bewältigen möchte. Für Jule war es vollkommen klar, dass sie diese Person sein würde, denn sie kennt Laura gut, hat schon öfter in der Gruppenarbeit mit ihr zusammen gearbeitet und manche Nachmittagsaktivität mit ihr verbracht. Sie ist wie vor den Kopf geschlagen, als Laura laut und deutlich sagt: „Ich möchte, dass Georgina mir bei dem Dienst hilft."

Ausgerechnet Georgina, die kaum jemand in der Klasse leiden kann, erst recht nicht Jule. „Du blöde Kuh", murmelt Jule, „dich schau ich nicht mehr an, dir werde ich es zeigen, ab sofort leben wir im Streit miteinander und damit dreht sie sich zu Beginn der Pause demonstrativ von Laura weg. Laura weiß gar nicht so recht, was sie falsch gemacht haben soll und fühlt sich unschuldig. ...

Die das Arbeitspapier erschließenden Fragen sind vom Schwierigkeitsgrad her unterschieden (a leichter, b schwieriger). Ideal ist, wenn die Schüler selbst ihr Niveau bestimmen können.

- Markiere im Text die Gründe für den Streit aus Sicht von Jule (a).
- Unterstreiche die Empfindungen von Jule mit roter Farbe (a).
- Trage ihre Empfindungen und Ausdrucksweisen mit Stichworten in das vorbereitete Schaubild ein (a, b).

So fühlt man sich bei Streit.

- Ergänze andere Ausdrucksformen, wie sich Menschen beim Streit fühlen können (b).
- Führe die Geschichte weiter, indem du die Reaktion von Laura aufschreibst (b).

3. Didaktisch-methodische Grundfragen des Ethikunterrichts

Ein vom Schwierigkeitsgrad her anspruchsvollerer Ausgangsimpuls wären z. B. Sprechblasen in Verbindung mit den folgenden Aufgaben:

- Welche Streitsituation könnte zu der entsprechenden Reaktion passen?
- Welche Empfindungen sind aus den Worten erkennbar?

> Ich fühle mich super – der habe ich es aber gegeben!
>
> Ich habe Angst – hoffentlich lässt der mich jetzt in Ruhe.
>
> Ich kann gar nicht mehr klar denken, was will die überhaupt?
>
> Ich bin sauer, denn ich habe doch gar nichts gemacht.

Differenzieren kann der Lehrer letztlich auch bei den Sozialformen, indem er homogene Partnerpaare oder Gruppen bilden lässt oder alternativ heterogene Gruppen bzw. Paare unterschiedlicher Stärke zusammenführt.

4. Epochale Planung des Ethikunterrichts

Da das Unterrichtsfach Ethik in der Regel mit zwei Wochenstunden angesetzt ist, führt zwangsweise jede langfristig angelegte Unterrichtsplanung zu einem längeren Zeitraum. Dies gilt für jedes Themengebiet, das sich aus den im Kapitel 2 aufgezeigten Themenfeldern ergibt. In der Regel beinhaltet eine solche Planung 10–12 Wochenstunden, also einen Zeitraum von ca. 6 Wochen.

4.1 Vorstellung einer Unterrichtseinheit in Ethik

Der folgende Vorschlag für die Aufstellung einer Unterrichtsreihe für das Fach Ethik hat exemplarischen Charakter und ist grundsätzlich auf alle Themenfelder des Ethikunterrichts übertragbar – unter Berücksichtigung der konkreten Klasse, des allgemeinen Lernniveaus und regionaler Besonderheiten.

Für die zur Einheit gehörenden Einzelstunden sind jeweils grobe Inhalte und erste methodische Wege angegeben. Eine detaillierte Ausgestaltung sollte dann von Stunde zu Stunde erfolgen.

Unterrichtseinheit: Religiöse und kulturelle Feste (3./4. Klasse)

Kompetenz: religiöse und kulturelle Feste des eigenen Kulturkreises besprechen und deren Bedeutung verstehen sowie Feste anderer Kulturen kennenlernen und diesen tolerant begegnen.

Stunde 1: Aufzählende Betrachtung von Festen und deren Ordnungsmöglichkeiten
- Brainwriting: bekannte Feste und Feieranlässe notieren
- Vergleich der Aufzeichnungen mit denen des Nachbarn
- Ordnungsmerkmale: religiöse – kulturelle – staatliche Feste
- Feste von A–Z; jedem Anfangsbuchstaben ein Fest zuordnen (Allerheiligen – Zuckerfest)

Stunde 2: Gründe, warum Menschen Feste feiern
- unterschiedliche Festsituationen schildern (Weihnachten, Beerdigung, Straßenfest) – Reporterberichte
- Gründe suche, warum diese Feste gefeiert werden
- über eigene Erfahrungen berichten
- Gründe für Feste verallgemeinern und in einem Schaubild ausdrücken

Stunde 3: Feste können misslingen
- Zeichnung/Foto: Ein misslungener Geburtstag
- Vermutungen äußern: Situation und Ursachen
- Situationsbeschreibung des Bildes lesen und bearbeiten
- Ursachen für das Misslingen konkretisieren
- Situation umkehren – ein gelungener Geburtstag

Stunde 4: Wir bereiten ein Fest vor (Grillnachmittag der Klasse)
- Planungsüberlegungen in Kleingruppen – Placemat
- Checkliste: notwendige Vorbereitungen erstellen und vergleichen
- Programm festlegen (Ablaufskizze)
- Vorstellen und Diskussion der Gruppenergebnisse

4. Epochale Planung des Ethikunterrichts

Stunde 5: Einladungskarte gestalten
- Partnerarbeit: Einladungskarte für ein Fest – unterschiedliche Feste auslosen
- die jeweilige Karte gestalten – DIN-A6
- Vorstellen der Karten – gelungene, misslungene Aspekte
- Abstraktion: das absolute Muss für eine Einladung

Stunde 6: Das Fest des Fastenbrechens
- einleitende Geschichte (Ali bekommt schulfrei, die anderen haben Schule)
- Informationserarbeitung durch Text oder Betroffenenbericht
- Schaubild zur Abstraktion
- Befragung von Eltern muslimischer Mitschüler durch nichtmuslimische Schüler

Stunde 7: Ostern
- Brainstorming: Ostern
- Aktueller Bezug: So feiern wir Ostern
- Information über Ablauf und Bedeutung des Osterfestes
- Plakaterstellung: Ostern, ein wichtiges christliches Fest

Stunde 8: Bar Mizwa
- Tagebuch: ein jüdischer Junge berichtet
- Lesestrategie: Kernbegriffe/Fragen – zu thematischen Schwerpunkten wie Vorbereitung, Festdurchführung, Feier
- Vergleich mit der Konfirmation

Stunde 9: Tag der deutschen Einheit
- Vorwissen sammeln: 3. Oktober, warum Feiertag?
- Sachtextanalyse: der 3. Oktober, unser Nationalfeiertag
- Wer und wie wird gefeiert?
- Notwendigkeit hinterfragen: pro – contra

Stunde 10: Feste sind gemeinschaftsfördernd
- Bildcollage: Menschen bei verschiedenen Festen
- Mimik, Gestik, Gefühlslage betrachten und schildern
- Gemeinsamkeiten suchen und bewerten
- Provokation: Gesetz: Alle Feste werden abgeschafft!

Stunde 11: Offenheit gegenüber Festen
- unterschiedliche Feste in Kleingruppen spielerisch aufbereiten (Kleidung, Musik, Riten, Gestaltung)
- Festsituationen in kurzen Szenen darbieten
- eigene Betroffenheit hinterfragen (Fragebogen)
- Abstraktion: Jedes Fest ist gut!

Stunde 12: Abschlussstunde zum Thema Fest
- Gestaltung eines Plakates in Kleingruppen oder
- Besuch eines realen Festes (benötigt mehr Zeit) oder
- Fragebogenaktion: Was wissen Mitbürger über Feste oder
- Symbole, Piktogramme für verschiedene Feste erfinden und entwerfen oder …

4.2 Stationenlernen im Ethikunterricht

Zu den Arbeitsformen, bei denen in besonderer Weise der Individualisierung wie der Schüler- und Handlungsorientierung Rechnung getragen werden, zählt das Lernen an Unterrichtsstationen. Hierzu wird eine grundlegende Thematik didaktisch-methodisch aufbereitet, mit dem Ziel, sowohl fachbezogene wie allgemeingültige Kompetenzen zu erreichen und umzusetzen. Besondere Berücksichtigung finden dabei die unterschiedlichen Lernvoraussetzungen der Schüler, abwechslungsreiche und schülergemäße Zugänge und Betrachtensweisen sowie deren unterschiedlichen Lern- und Arbeitstempi.

Dazu werden einzelne Arbeitsstationen angeboten, die grundsätzlich unabhängig voneinander in frei wählbarer Reihenfolge von den Schülern einer Klasse nacheinander, aber gleichzeitig bearbeitet werden können. Die Aufgaben der einzelnen Stationen berücksichtigen in der Regel variable Schwierigkeitsgrade und Fragestellungen, sodass jeder Schüler seinen individuellen Zugang finden kann. Dominierende Unterrichtsprinzipien bilden die Schüler- und Handlungsorientierung.

Schülerorientierung impliziert, dass der Schüler und nicht mehr der Lehrer im Mittelpunkt jeder Aktion steht. Nicht mehr das detaillierte, kleinschrittige Darbieten des Unterrichtsgegenstandes, sondern das Vorbereiten und Schaffen einer Lernatmosphäre, in der die Schüler sich Unterrichtsinhalte eigenständig erarbeiten bzw. Lerninhalte festigen und vertiefen können, ist die Hauptaufgabe des begleitenden Lehrers.

Handlungsorientierung meint die direkte Auseinandersetzung des Schülers mit dem bereitgestellten Stationenmaterial, das für sich selbst spricht und zu einer eigenständigen und direkten Auseinandersetzung mit den Inhalten motiviert. Es macht daher Sinn, vor dem eigentlichen Arbeitsauftrag jeder Station im Sinne einer Zielorientierung kurz die zu erwerbenden Kompetenzen anzuzeigen.

Häufig wird beim Stationenlernen zwischen Pflicht- und Zusatzstationen unterschieden. Während alle Schüler die Pflichtstationen durchlaufen müssen, bieten die Zusätze eine Auswahlmöglichkeit, je nach Interesse oder Leistungsvermögen. Somit werden sowohl der Individualität des Einzelnen wie der heute üblichen Heterogenität der Lerngruppe Rechnung getragen. Wichtig ist noch die Tatsache, dass mit der Bearbeitung der Pflichtstationen alle wesentlichen Kompetenzen umgesetzt sein müssen.

Zur Lernkontrolle oder Sicherung kann am Ende einer Stationseinheit eine besondere wiederholende Station (Kontroll-, Bündelungs- oder Wiederholungsstation) angeboten werden, bei der die Schüler erworbenes Wissen einbringen oder unter einem neuen Gesichtspunkt anwenden müssen. Dies impliziert dann die Möglichkeit der Eigenkontrolle mit einem hoffentlich positiven Ergebnis oder der Erkenntnis: Hier liegt für mich noch Übungsbedarf vor.

Das Prinzip der Individualisierung beim Stationenlernen kann bei bestimmten Fragestellungen durchaus mit dem Anspruch auf soziales Lernen verknüpft werden. So können Partnerstationen eingeplant werden, bei denen der Schüler – nach seiner freien Entscheidung – zusammen mit einem Partner Lernschritte bearbeitet. Dabei sollen sich die Schüler nicht nur selbst zusammenfinden, sondern die verlangten Aufgaben gemeinsam lösen. Dies verstärkt sowohl die sachliche Kommunikation über ein Thema als auch die Auseinandersetzung mit der vielleicht gegenteiligen Meinung des Partners. So wird durchgehend soziales Verhalten, ein Schwerpunkt jedes Ethikunterrichts, praktiziert.

4. Epochale Planung des Ethikunterrichts

4.2.1 Praktisches Beispiel zum Stationenlernen

Die folgende exemplarisch vorgestellte Lernstation besteht aus 6 Pflicht- und 3 Zusatzstationen. Zu jeder Station gehören ein Auftragsblatt und ein entsprechendes Materialpapier. Dazu erhält jeder Schüler noch einen Laufzettel als Begleiter durch die gesamte Stationsarbeit, in der er seine individuellen Arbeitsschritte eintragen und gegenzeichnen kann. Ausführlich ausgearbeitet sind Station 1, eine Partnerstation, eine Zusatzstation sowie die Zusammenfassung.

Thema: Gerechtigkeit – Ungerechtigkeit (3./4. Klasse)

Kompetenz: Gerechtigkeit als grundlegendes Verhalten für das menschliche Zusammenleben erkennen, hinterfragen und bestätigen

Laufzettel

Stationenlernen – Thema: *Gerechtigkeit – Ungerechtigkeit*

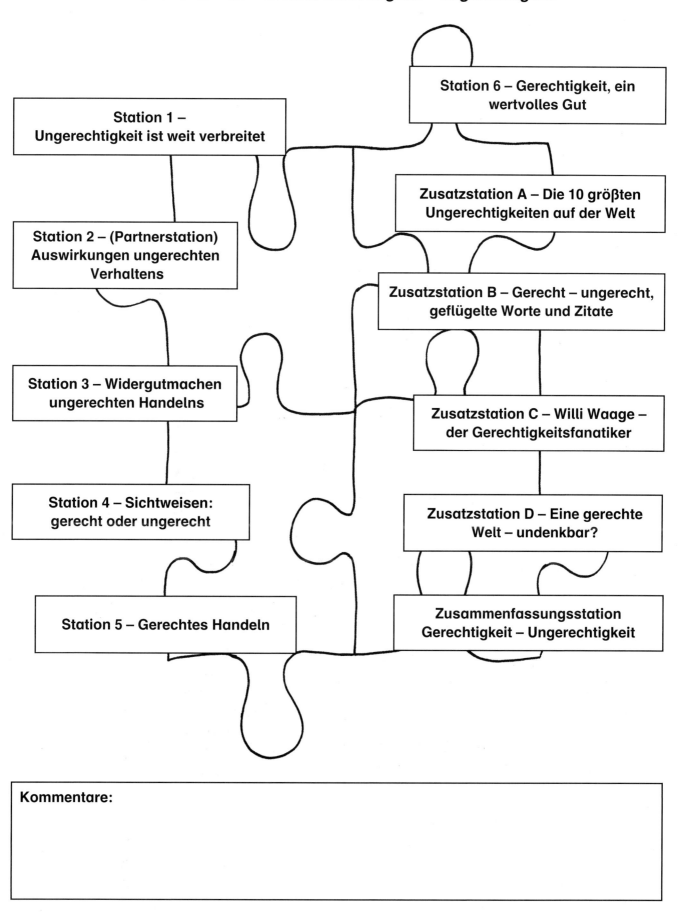

- Station 1 – Ungerechtigkeit ist weit verbreitet
- Station 2 – (Partnerstation) Auswirkungen ungerechten Verhaltens
- Station 3 – Widergutmachen ungerechten Handelns
- Station 4 – Sichtweisen: gerecht oder ungerecht
- Station 5 – Gerechtes Handeln
- Station 6 – Gerechtigkeit, ein wertvolles Gut
- Zusatzstation A – Die 10 größten Ungerechtigkeiten auf der Welt
- Zusatzstation B – Gerecht – ungerecht, geflügelte Worte und Zitate
- Zusatzstation C – Willi Waage – der Gerechtigkeitsfanatiker
- Zusatzstation D – Eine gerechte Welt – undenkbar?
- Zusammenfassungsstation Gerechtigkeit – Ungerechtigkeit

Kommentare:

Station 1
Ungerechtigkeit ist weit verbreitet

Aufgaben

Ziel: ungerechte Verhaltensweisen erkennen und begründen

1. Notiere in Stichworten, warum sich die Betroffenen über Ungerechtigkeit beklagen.
2. Schreibe einen kurzen Tagebucheintrag über eine Situation, in der du dich ungerecht behandelt fühlst.
3. Zähle zusätzlich noch 5 Sachverhalte auf, die für dich ungerecht sind.
4. Fasse alle Ausdrucksweisen für Ungerechtigkeit in einem Schaubild zusammen.

Winfried Röser: Praktisches Basiswissen: Ethik
© Persen Verlag

Station 2
Auswirkungen ungerechten Verhaltens

Aufgaben

Ziel: Folgen von Ungerechtigkeit erfahren und emotionale Betroffenheit reflektieren

1. Lest gemeinsam die Ausgangssituation durch und sprecht darüber.
2. Schneidet das Blatt in zwei Hälften und bearbeitet den Teil Partner 1 oder Partner 2.
3. Nach jedem Abschnitt fehlt ein Eintrag. Versetze dich in die Situation und ergänze diesen so, dass er zum nachfolgenden passt.
4. Führt die beiden jetzt fertigen Tagebucheinträge zu einer Begebenheit zusammen.
5. Überlegt gemeinsam, welche Auswirkungen das ungerechte Verhalten nach sich gezogen hat. Einigt euch auf 5 wichtige Folgen und schreibt diese auf.

Winfried Röser: Praktisches Basiswissen: Ethik
© Persen Verlag

Zusatzstation C
Willi Waage – der Gerechtigkeitsfanatiker

Aufgaben

Ziel: Bewusst werden, dass gerechtes Verhalten nicht immer einfach ist

1. Markiere mit unterschiedlichen Farben im Text, was WW als ungerecht empfindet und wie er darauf reagiert.
2. Fülle die folgende Tabelle stichpunktartig aus:

Was ist für WW ungerecht?	Wie reagiert WW daraufhin?	Wie ist deine Meinung dazu?

3. Warum ist gerechtes Handeln oft so schwer? Notiere dazu Stichworte.

Winfried Röser: Praktisches Basiswissen: Ethik
© Persen Verlag

Zusammenfassungsstation
Gerechtigkeit – Ungerechtigkeit

Aufgaben

Ziel: Ungerechtigkeit sehen und sich bewusst für Gerechtigkeit einsetzen

1. Betrachte die Bildcollage und notiere dir, was du dort an Ungerechtigkeit findest.
2. Überlege dir, was eigentlich in der Situation gerecht wäre. Mache dir auch dazu Notizen.
3. Entscheide abschließend, welche deiner Ideen überhaupt realisierbar sind. Versehe diese mit einem +.

Winfried Röser: Praktisches Basiswissen: Ethik
© Persen Verlag

Station 1

Ungerechtigkeit ist weit verbreitet

Materialblatt

Das ist ungerecht!

- jammert Timo: Sven und ich, wir haben beide im Unterricht gequatscht, aber nur ich habe eine Strafarbeit bekommen.
- meint Corinna: Wir leben mit fünf Personen in einer kleinen Wohnung und Lena wohnt mit ihrer Mutter in einer Riesenvilla mit Pool und Garten.
- meckert Jonas: Ich soll schon wieder den Hasenstall säubern, obwohl meine Schwester dran ist.
- sagt Vater: Mich hat die Polizei rausgewunken und mein Vordermann durfte durchfahren, obwohl er genauso schnell war wie ich.
- beklagt sich Tina: Ich darf nicht mitspielen, nur weil ich keine Markenklamotten habe.
- wird angemahnt: Wir werfen Lebensmittel weg und in Afrika haben Menschen nichts zu essen.

Montag, 22. April – so eine Ungerechtigkeit! ☹

Das ist auch ungerecht!

Platz für ein Schaubild:

Station 2 (Partnerstation)
Auswirkungen ungerechten Verhaltens

Materialblatt

Ungerecht – ungerecht – ungerecht – ungerecht – ungerecht – ungerecht
Beim Vorlesewettbewerb war ich klar besser als Jenni!
Haben mir fast alle Zuhörer so gesagt!
Wer hat gewonnen? Jenni – der Liebling unserer Klasse.

Oh, wie hat Jenni so blöd gegrinst, als sie die Urkunde bekam, und mir heimlich den Mittelfinger gezeigt.

Habe mich beschwert. Half aber nichts. Klasse sagt: Jenni hätte besser betont und weniger gestottert. Witz, Witz!

Jenni ist sofort zur Klasse gegangen und hat behauptet, ich hätte ihr den Reißzwecken in den Radreifen gesteckt.

Beim Ballspiel wollte mich keiner in seiner Mannschaft haben. Ätsch! Habe extra daneben geworfen!

Ich bin verzweifelt. Jenni hat alle in der Klasse gegen mich aufgehetzt, dieses Biest!

Das mit der SMS hat mich getroffen. Frust nichts als Frust. Zur Beruhigung esse ich Schokolade.

Folgen ungerechten Verhaltens:
–   –
–   –

Zusatzstation C
Willi Waage – der Gerechtigkeitsfanatiker

Materialblatt

Seit Willi Waage (WW) einmal ungerecht behandelt wurde, ist die Waage zu seinem Markenzeichen geworden. Für ihn muss sich die Waage im Gleichgewicht befinden und sollte niemals zugunsten von Ungerechtigkeit ausschlagen. Dafür setzt er sich mit allen Mitteln ein.

WW kann es überhaupt nicht leiden, wenn jemand ausgelacht wird. So geschehen in der großen Pause: Tomi, der größte Schwätzer der Klasse, lachte Jerome aus, weil dieser keine Markenklamotten, sondern nur einfache Aldisachen trug. WW nahm seine Säftchentüte und versaute damit das neue Diesel-T-Shirt von Tomi. „So, jetzt ist die Gerechtigkeit wieder hergestellt, jetzt lachen die anderen über das gefleckte T-Shirt."

Ein andermal wurde WW richtig wütend. Jeder weiß, dass Petras Eltern Lebensmittel von der Tafel erhalten, weil sie bedürftig sind. Das findet WW gerecht. Als Petra aber die 12,50 € für einen Ausflug nicht zahlen konnte, übernahm der Förderverein diese Kosten. Da ging WW zum Vorsitzenden und beschwerte sich über das rausgeschmissene Geld, da Petra erst gestern das neueste Handy stolz in der Pause gezeigt hatte.

Vor kurzen stand WW vor dem Schulleiter und bat ihn, in die Klasse zu kommen. Der Lehrer hätte ungerecht gehandelt. Statt der wenigen Störenfriede hätte er die ganze Klasse bestraft und allen eine saftige Aufgabe für den morgigen Tag aufgegeben sowie eine HÜ angedroht.

Wofür sich WW noch eingesetzt hat:

- Eine Flüchtlingsfamilie mit vier Kindern findet keine Unterkunft, obwohl in dem Ort Wohnraum frei ist. WW hat Flugblätter aufgehängt und dies angeprangert.
- WW ist sauer, da der Weihnachtsbaumverkäufer wegen der großen Nachfrage einfach die Preise erhöht hat. WW beschließt, ihm eins auszuwischen und nachts Zweige von den Bäumen abzuschneiden.
- WW sieht, wie die alte Frau ihre schwere Einkaufstasche kaum tragen kann. Er klingelt bei ihrem Enkel und sagt, dass dieser seiner Oma helfen soll.

Zusammenfassungsstation
Gerechtigkeit – Ungerechtigkeit

Materialblatt

Ein Blick auf die Welt zeigt uns, dass es überall große Probleme gibt.

Ungerecht ist:

Gerecht wäre:

4. Epochale Planung des Ethikunterrichts

4.2.2 Stationenlernen innerhalb einer Unterrichtsreihe

Oft bietet es sich von der Thematik und den zu erreichenden Kompetenzen an, Stationsarbeit innerhalb einer Unterrichtsreihe einzusetzen. Dabei handelt es sich dann um eine Arbeit an Lernstationen, die stundenweise bzw. als Doppelstunde konzipiert ist.

Das folgende praktische Beispiel verdeutlicht Intention und Durchführung:

Themenfeld: Miteinander leben

Unterrichtsreihe: Umgangsformen und Regeln (s. Kap. 2.2.3)

Kompetenz: Notwendigkeit von Regeln für den Umgang miteinander verstehen und bewusst in den täglichen Alltag einbringen

Im Rahmen der Unterrichtsreihe sind folgende Teilthemen zu behandeln:

Regeln gibt es überall
- Regelverstöße werden geahndet
- Regeln können sinnvoll, aber auch überflüssig sein
- Umgangsformen erleichtern das Miteinander
- Umgangsformen können kulturell bedingt sein
- **die goldene Regel als Handlungsmaxime (Stationsarbeit)**
- auch Kinder haben Rechte
- Verstoß gegen Kinderrechte weltweit
- Einsatz für die Rechte aller Menschen

Stationsarbeit zum Thema „die goldene Regel" als Handlungsmaxime

Angeboten werden drei Unterrichtsstationen, welche der Schüler innerhalb von zwei Unterrichtsstunden selbstständig durcharbeiten soll. Ein solcher Methodenwechsel innerhalb einer Einheit wirkt motivierend, aktivierend und durchaus entspannend, da nach eigenem Tempo und Themenwahl gearbeitet werden kann.

Folgende Teilthemen werden angeboten, die nach dem Prinzip des Stationenlernens aufgebaut werden können (s. vorheriges Kapitel).

a) Die goldene Regel und ihre Bedeutung bis zur heutigen Zeit:
   Die Schüler werden mit Aussagen zur goldenen Regel aus unterschiedlichen Bereichen und Zeiten konfrontiert, z. B.:
   Was dir selbst verhasst ist, das mute auch einem anderen nicht zu
   (AT Tob. 4,15)
   Alles, was ihr von anderen erwartet, das tut auch ihnen.
   (NT Mt. 7, 12)
   Man soll niemals einem anderen antun, was man für das eigene Selbst als verletzend betrachtet.
   (hinduistische Schrift)
   Was für mich eine unliebe und unangenehme Sache ist, ist auch für den anderen eine unliebe und unangenehme Sache. (buddhistische Schrift)

b) Die goldene Regel und ihre Grundüberlegung:
   Jeder kennt die Aussagen der goldenen Regel. Als Sprichwort formuliert lautet sie: Was du nicht willst, das man dir tut, das füg' auch keinem anderen zu.
   Wende dieses Sprichwort auf die folgenden Situationen an:

4. Epochale Planung des Ethikunterrichts

Du findest auf der Straße einen zusammengerollten 100-€-Schein. Du schaust dich um, keiner hat etwas bemerkt.

Du

Ein Schulkamerad ist krank und bittet dich, ihm die Hausaufgaben vorbeizubringen.

Du

Deine Freundin hat dir, mit dem Versprechen nichts zu verraten, ein Geheimnis anvertraut. Beim nachmittäglichen Chillen hast du Riesenlust, es der Clique zu erzählen.

Du

Jemend aus der Klasse hat dich aus Versehen gestoßen und du bist hingefallen. Da du ihn sowieso nicht leiden kannst und stärker bist, willst du ihm eine runterhauen.

Du

c) Die goldene Regel und ihre Fragen:
Nele hat ihrer Freundin Caro versprochen, mit ihr am Dienstagnachmittag deren, im Krankenhaus liegende Schwester Silke zu besuchen. Da die drei sich in der Vergangenheit sehr gut verstanden haben, hat Nele sofort zugestimmt, zumal sie verstehen kann, dass sich Silke über ihren Besuch sehr freuen wird. Aber wie das Unglück will, wird Nele am Morgen von einer Mitschülerin in der Schule gefragt, ob sie mit in den bekannten Freizeitpark fahren möchte, da noch ein Platz im Auto frei ist. Gerade dieser Park mit der neuen Riesenwasserrutsche und dem verrückten Labyrinth hat es Nele schon lange angetan. Sie braucht nur ja zu sagen, dann geht ein großer Wunsch in Erfüllung. Am nächsten Morgen soll sie Bescheid geben, ob sie mitfahren will.

Abends vertraut sich Nele ihrem Tagebuch an. Notiere Gedanken, Überlegungen und Verhalten für Nele, wenn sie über ihre Entscheidung nachdenkt.

Welche Entscheidung trifft Nele, wenn sie sich im Sinne der goldenen Regel entscheidet?

4. Epochale Planung des Ethikunterrichts

4.3 Projektunterricht

Im Gegensatz zum Stationenlernen, bei dem vor allem der individuelle Schüler mit seiner spezifischen Arbeitsweise im Vordergrund steht, werden im Projektunterricht soziale und arbeitsmethodische Komponenten, thematisch ausgerichtet auf ein Projektthema, angesprochen. Solche Projekte können sowohl fachübergreifend, d. h. mehrere Unterrichtsfächer werden tangiert, als auch klassenübergreifend, d. h. verschiedene Klassen einer Stufe, organisiert und durchgeführt werden. Letzteres ist unter dem Schlagwort Projekttage oder Projektwoche bekannt, in der die Schüler sich einen oder mehrere Schultage ausschließlich mit einem gewählten Projekt auseinandersetzen.

Die folgenden Überlegungen beziehen sich auf klasseninterne durchgeführte Projekte, die aber durchaus mehrere Fächer betreffen können. Die Schüler der Klasse bilden zusammen mit dem oder den Lehrern das Projektteam. So arbeiten in dieser sozialintegrativen Unterrichtsform unterschiedlich kompetente Partner gleichberechtigt zusammen. Obwohl dem Lehrer natürlich die letzte Verantwortung übertragen ist, bedeutet Projektunterricht für ihn, sein Planungs- und Organisationsmonopol abzugeben, seine Schüler stattdessen aktiv zu fordern und Entscheidungen ihnen selbst zu überlassen. Der Lehrer fungiert als Lernpartner, der spürt, wenn er eingreifen muss, wenn selbstbestimmendes und handlungsorientiertes Lernen gefragt wird oder wenn besondere Fertigkeiten angebahnt werden müssen, um die gesteckten Kompetenzen zu erreichen.

Der Projektunterricht verfolgt dabei in der Regel unterschiedliche didaktisch-pädagogischen Intentionen. Durch die Übernahme von Planung, Vorbereitung und Durchführung übernehmen die Schüler eine besondere Verantwortung, entwickeln ein Problembewusstsein, nutzen soziale Kontakte untereinander, arbeiten kooperativ im Team zusammen, setzen sich mit anderen Meinungen auseinander und unterwerfen sich letztlich einem für das Projekt notwendigen Einigungsprozess. Auftretende Probleme und Fragen sollten möglichst alleine und selbstständig erkannt und gelöst werden. Die Rolle des Lehrers als Helfer und Unterstützer soll sinnvoll genutzt und in den Prozess eingebaut werden. Ziel ist es letztlich, einen engagierten, umsichtigen, kritischen, teamfähigen, kompromissbereiten und handlungsfähigen Schüler herauszufordern.

Diese aufgeführten Vorteile überwiegen mögliche Kritikpunkte am Projektunterricht, wie lange und intensive Zeit der Vorbereitung und Durchführung, die Forderung nach einem hohen Grad von Selbstständigkeit, welches viele Schüler nicht haben, und so die Gefahr, dass die Hauptarbeit durch nur wenige Leistungsträger in der Klasse geschultert wird. Für eine Projektarbeit muss also die Klasse besonders geschult und vorbereitet sein.

Zusammengefasst planen bei der Projektarbeit die Lernenden ihre Arbeit selbst, führen diese eigenständig, meist im Team, durch und präsentieren am Ende ein sichtbares Ergebnis.

Diese Kernkompetenzen lassen sich in der Praxis mithilfe der folgenden Schritte erreichen:

Die Themenfindung

Projektunterricht bezieht sich niemals auf ein vom Lehrer vorgegebenes Thema, sondern sollte, ausgehend von einer Problem- oder Fragehaltung, aus dem Interessensbereich der Schüler oder einer aktuellen Begebenheit erwachsen. Im Idealfall treten die Schüler mit dem Wunsch, ein sie direkt betreffendes oder aktuelles Thema im Unterricht aufzuarbeiten, an den Lehrer heran. Dadurch werden sowohl eine besondere Ausgangsmotivation als auch eine freiwillige Mitarbeitsbereitschaft der Schüler geschaffen, sehen sie doch, dass ihre Bedürfnisse und Wünsche sich in der täglichen Unterrichtsarbeit widerspiegeln.

4. Epochale Planung des Ethikunterrichts

Die Planungsphase

Besteht über das Projektthema Einigkeit und ist eine einheitliche Zielvorstellung vorhanden, kann die Projektplanung anvisiert werden. Diese Planungsphase wird von den Schülern selbst durchgeführt, indem sie mögliche Feinziele, einen Zeitrahmen, die Frage der betroffenen Fächer sowie die Abschlusspräsentation besprechen und übereinstimmend regeln. Die Bedeutung des Lehrers liegt in dieser Phase in seinem Expertenwissen über die begleitenden Umstände, z. B. der Möglichkeit des Fächertauschs, dem Vorhandensein von benötigten Grundmaterialien, dem Aufbringen finanzieller Mittel oder der Kontaktaufnahme zu außerschulischen Personen bzw. Institutionen.

Die Vorbereitungsphase

Ist die Planung abgesprochen und akzeptiert, geht es um die konkrete Vorbereitung des Vorhabens. Materialien müssen besorgt bzw. deren Bereithaltung gesichert sein, die Aufträge an die einzelnen Projektgruppen sind zu konkretisieren und eindeutig zu formulieren sowie die Zusammensetzung der Teams zu regeln. Termine müssen abgesprochen und zeitlich fixiert sein. An der Stelle wird oft sichtbar, dass der standardisierte 45- oder 50-Minuten-Takt für eine effektive Bearbeitung nicht realistisch ist. Besser ist es in jedem Fall, eine kontinuierliche Bearbeitung über einen längeren Zeitraum als eine Unterrichtsstunde mit dem Einbezug individueller Pausen zu planen. Hierzu sind dann Absprachen mit anderen vom Projekt tangierten Lehrern und der Schulleitung nötig.

Die Durchführungsphase

Zu einem festgesetzten Zeitpunkt beginnt die Projektdurchführung, in der das Projekt gemäß den Planungs- und Vorbereitungsvorgaben abgewickelt wird. Die Schüler agieren dabei als selbstständige Kleinteams, die auch mit auftretenden Fragen und Schwierigkeiten möglichst alleine umgehen und fertig werden und den Lehrer nur im Notfall kontaktieren sollen. Dabei ist es wichtig, dass sich sowohl die einzelnen Arbeitsgruppen wie die Gesamtheit (z. B. durch eine Zusammenkunft der Gruppensprecher) von Zeit zu Zeit darüber austauschen, ob die vereinbarten Ziele erreicht werden, ob der Zeitansatz noch realistisch ist, ob es unvorhergesehene Unterbrechungen oder Schwierigkeiten gibt oder ob sogar Ziele und Arbeitsschritte verändert und der neuen Situation angepasst werden müssen. Ist dies nötig, wird anschließend gemäß den neuen Vereinbarungen an den Aufgaben weitergearbeitet.

Die Präsentationsphase

Die Frage, auf welche Weise die Arbeiten vorgestellt und erläutert werden können, wurde bereits in der Planungsphase grundlegend festgehalten. Es ist unentbehrlich und pädagogisch unbedingt erforderlich, dass die Projektteilnehmer ihre Ergebnisse in sinnvoller Weise der Öffentlichkeit vorstellen und zeigen. Dies kann z. B. durch eine Präsentation für die Parallelklasse, durch eine Ausstellung im Schulgebäude, durch eine Veröffentlichung in der Zeitung oder dem Lokalfernsehen geschehen. Die Projektteilnehmer erfahren durch die Präsentation eine besondere Würdigung ihrer Arbeit, Anerkennung und Stolz, vielleicht auch ehrliche Kritik, verbunden mit einer erhöhten Motivation für die tägliche Arbeit in der Schule.

Ihren Abschluss findet die Projektarbeit durch eine kritische Hinterfragung der geleisteten Arbeit, des sozialen Miteinanders, dem Herausstellen von besonders gelungenen bzw. misslungenen Arbeitsphasen sowie die Frage nach möglichen Verbesserungsvorschlägen für die weitere Arbeit in der Schule. Hier empfiehlt es sich, solche Erkenntnisse stichpunktartig festzuhalten und als Manöverkritik in die weitere unterrichtliche Arbeit einfließen zu lassen.

4. Epochale Planung des Ethikunterrichts

4.3.1 Projektbeispiel: Leben, Tod und Trauer

Das im Folgenden skizzierte Projekt Leben, Tod und Trauer ist exakt nach den fünf oben umschriebenen Schritten aufgebaut. Es ist so in ähnlicher Form im Unterricht praktisch durchgeführt worden.

Kompetenz: Sterben und Tod gehören auch schon für Kinder zum Leben; sie dürfen nicht tabuisiert werden, sondern sind im Unterricht sensibel gemeinsam mit den Schülern zu erschließen und zu dokumentieren.

Themenfindung

Der ältere Bruder einer Viertklässlerin ist bei einem selbst verschuldeten Verkehrsunfall mit seinem Mofa ums Leben gekommen. Viele Schüler der vierten Klasse sind von diesem Ereignis berührt. Sie erfahren, wie das Mädchen um ihren Bruder trauert und fragen sich, was dieser Verlust für ihr weiteres Leben bedeutet. Deshalb traten auch Schüler mit der Frage und Bitte an den Lehrer heran, ob man im Unterricht über Tod und Trauer sprechen könnte.

Der Lehrer sagte zu, dieses Thema in Kürze als Projekt zu behandeln. Er beauftragte die Schüler, sich Gedanken zu machen, was sie im Einzelnen gerne im Unterricht besprechen möchten, welche Fragen sie geklärt haben wollen und wie sie sich die Bearbeitung vorstellen. Dazu sollten sie die Anregungen für jeden der drei Blöcke auf eine gesonderte Karteikarte schreiben.

Planungsphase

Am nächsten Tag bildeten die Schüler Kleingruppen (durch Abzählen bis 4) und trugen in ihrer Gruppe ihre ausgefüllten Karteikarten vor. Sie konnten nachfragen, sich darüber austauschen und mussten sich schließlich in der Gruppe auf fünf wichtige Punkte einigen.

Danach stellten die Gruppensprecher ihre Ergebnisse vor. Es folgte eine Aussprache im Klassenverband und die Einigung auf die Themenbereiche, mit denen das Thema im Unterricht erschlossen werden sollte. In dieser Phase steuerte der Lehrer unbemerkt, sodass eine Einigung letztlich zustande kam.

Folgende vier Kernthemen wurden ausgewählt:
- Leben entsteht – Leben wächst – Leben vergeht
- Sterben und Tod treffen jeden Menschen
- Trauern und Traurigsein sind normales Verhalten
- Trost spenden kann diese schwere Zeit erleichtern

Folgende Fächer sollten einbezogen werden: Ethik, Deutsch, Sachunterricht, bildnerisches Gestalten.

Zeitrahmen: Montag bis Donnerstag jeweils drei zusammenhängende Unterrichtsstunden, Freitag wird zum Präsentationstag.

Man einigte sich, dass Kleingruppen sich jeweils an einem Tag mit dem gleichen Thema beschäftigen.

Mögliche außerschulische Kontaktpersonen könnten der Notfallseelsorger sein, der den Schülern schon bekannt war, da er am Tage nach dem Unfall die Klasse besuchte, ein Kinderarzt, der über Krankheiten Auskunft geben kann oder Mitglieder einer Hospizgruppe, die speziell über das Thema Tod und Trauern berichten können.

4. Epochale Planung des Ethikunterrichts

Vorbereitungsphase

In der Vorbereitungsphase wurden folgende Einzelmaßnahmen durchgeführt:

Lehrer:
- informierte den Kunstlehrer, die anderen Fächer lagen in seiner Hand;
- erstellte einen gesonderten Plan für die jeweils drei täglichen Stunden, sodass es keine weiteren Beeinträchtigungen gab;
- nahm Kontakt zu dem ortsansässigen Hospizverein auf, vereinbarte einen Gesprächstermin und bat um Informationsmaterial;
- organisierte den Besuch des Notfallseelsorgers und der Kinderärztin, nachdem die Schüler deren Zusage bekommen hatten;
- sorgte dafür, dass Fotokarton, Projektor, Folien, Stifte usw. ausreichend vorhanden waren.

Schüler:
- Klassensprecherteam informierte den Schulleiter über das Vorhaben;
- Mitschüler nahmen Kontakt zum Notfallseelsorger und der Kinderärztin auf, die vielen Schülern bekannt sind;
- bereiteten sich auf die Arbeit vor, indem sie ihre Malsachen vervollständigten, Schere, Klebstoff bereithielten und im Vorfeld Bilder sammelten.

Man einigte sich auf vier Gruppen mit jeweils 4 Schülern, die Zugehörigkeit wurde ausgelost. Letztlich legte man den folgenden Montag als Projektbeginn fest.

Die Durchführungsphase

Die Kleingruppen arbeiteten jeweils drei zusammenhängende Unterrichtsstunden an dem täglichen Projektunterthema.

Montag: Leben entsteht – Leben wächst – Leben vergeht

Kompetenz: In der eigenen Geschichte erkennen, dass es nach jeder Lebensphase zu Zeiten des Loslassens und des Neubeginns kommt;
Empfindungen beim Verlassen einer Lebensphase äußern;
Traumbilder zum Neubeginn entwerfen;
praktische Arbeit, bei der neues Leben erwachsen, altes Leben sich erweitern kann.

Inhalt: Betrachten von eigenen mitgebrachten Bildern, Baby – Kleinkind – Kindergartenkind – Schulkind und Episoden dazu erzählen;
Aufschreiben, was für den jeweiligen Lebensstatus typisch ist (arbeitsteiliges Arbeiten möglich);
Empfindungen spüren durch Spiel und Fantasie, wie die Lebensphase vom Kindergarten zum Schulkind durchlaufen wurde;
Traumbild entwerfen: Was wird wohl aus mir werden?;
praktisches Arbeiten (arbeitsteiliges Arbeiten möglich): Leben entsteht durch das Einsäen von Kresse oder rasch wachsenden Blumen – Leben wächst durch das Umtopfen einer Pflanze – Leben vergeht durch das Abschneiden von verwelkten Blumen.

Die Ergebnisse der Gruppenarbeiten werden in einer Ecke der Klasse gesammelt aufbewahrt.

4. Epochale Planung des Ethikunterrichts

Dienstag: Sterben und Tod trifft jeden Menschen

Kompetenz: Fragen und Ängste zu Tod und Sterben ausdrücken und bildnerisch darstellen;
alle Äußerungen erst nehmen, nicht nach richtig oder falsch bewerten und somit die Gefühle jedes einzelnen Schülers wertschätzen;
eigene Erfahrungen mit Tod und Sterben einbringen;
bildnerische Jenseitsvorstellungen entwickeln und erläutern;
Experten (Notfallseelsorger) zu den drängendsten Fragen und Ängsten befragen.

Inhalt: In der Kleingruppe erzählen, … (Großelternteil, Verwandter, Haustier) ist gestorben (Wortbeiträge freiwillig);
Fragen notieren zu Sterben und Tod – sich in der Kleingruppe auf die drängendsten Fragen einigen;
meine Befürchtung oder Angst vor dem Tod bildnerisch darstellen,
alternativ: so sehe ich den Tod, das bedeutet Tod für mich;
Fragen an Notfallseelsorger stellen, Ängste verbalisieren und zu dessen Erläuterungen Stellung nehmen;
die Frage „Was ist nach dem Tod?" durch eigene Jenseitsvorstellungen zeichnerisch bewältigen und ggf. erläutern sowie mit dem Notfallseelsorger austauschen.

Die Ergebnisse der Gruppenarbeiten werden in einer Ecke der Klasse gesammelt aufbewahrt.

Mittwoch: Trauer und Traurigsein ist ein normales Verhalten

Kompetenz: Das Gefühl des Traurigseins nachempfinden und ausdrücken können;
Trauerverhalten in Wort, Bild und Symbolen sehen und verstehen;
fallbezogene Textsituationen angemessen interpretieren und deren Kernaussagen fixieren;
Möglichkeiten besprechen, wie man einem Trauernden begegnen kann.

Inhalt: Warum sind Menschen traurig? Vier kurze Textsituationen (unser Hund ist gestorben, Oma ist tot, meine Freundin zieht um, mein Nintendo wurde gestohlen);
Stichwortzettel erstellen: So zeigt sich die Trauer;
Bild eines trauernden Menschen interpretieren – Trauerstern anlegen und Begriffe des Stichpunktzettels zufügen;
Verhaltensweisen ausprobieren, wie man einem trauernden Menschen begegnen kann und darüber reflektieren.

Die Ergebnisse der Gruppenarbeiten werden in einer Ecke der Klasse gesammelt aufbewahrt.

Donnerstag: Trost spenden kann diese schwere Zeit erleichtern

Kompetenz: Worte und Gesten des Trostspendens entdecken, zeichnerisch bewältigen oder in Schriftform ausdrücken;
tröstende Worte auf eine konkrete Situation beziehen und in einem Brief umsetzen;
Gefühle beschreiben, wie man sich nach tröstenden Worten fühlt;
bereit werden, Hilfe zum Trösten auch anzunehmen, um daraus Kraft und Zuversicht zu schöpfen.

4. Epochale Planung des Ethikunterrichts

Inhalt: Tröstende Worte und Gesten finden und in der Kleingruppe ausprobieren;
ein Mitglied des Hospizvereins im Hinblick auf Trost und Zuversicht in schwerer Zeit befragen;
für die Situationen des Vortages Möglichkeiten des Tröstens aufzählen, durchspielen und schriftlich fixieren;
die Gefühle nach einem Trostgespräch zeichnerisch festhalten;
Entwerfen und Schreiben eines individuellen Trostbriefes.

Die Ergebnisse der Gruppenarbeiten werden in einer Ecke der Klasse gesammelt aufbewahrt.

Freitag: Präsentationstag

Die Vorbereitung auf die Präsentation geschieht am Freitagmorgen in den drei ersten Unterrichtsstunden. Die Schüler bilden durch Auslosen neue Gruppen, sodass ein „alter" Gruppenvertreter in jeder neuen Gruppe Mitglied ist. Dadurch wird sichergestellt, dass in jeder Gruppe mindestens ein Schüler ist, der die entsprechende Tagesbearbeitung miterlebt und mitgestaltet hat.

Jede Gruppe erhält die Tages-Unterlagen der vier Gruppen, die zu einem Thema zusammengestellt sind und die Aufgabe, diese zu einem gemeinsamen Großplakat zusammenzuführen. Dabei ist es die Aufgabe jedes einzelnen Gruppenmitgliedes, über ihre Arbeit zu berichten. Anschließend werden Gemeinsamkeiten und Unterschiede der vier Ergebnisse gesichtet und bewertet. So entsteht letztlich das gestaltete Großplakat. Zum Abschluss ihrer Arbeit überlegt sich die Gruppe, mit welchen Worten das Ergebnis vorgestellt werden soll. Die vier Großplakate werden entweder im Klassenraum verteilt aufgehängt oder auf Vierertischen ausgelegt, sodass ausreichend Platz für die jeweilige Präsentation bleibt.

Am Ende des Vormittags besucht dann die Parallelklasse die Projektklasse und wird in kleinen Gruppen durch die Ausstellung geführt.

Anschließend werden die vier Großplakate auf dem Flur zu den Klassenräumen der vierten Klassen aufgestellt. Sie sollen für einen Monat sichtbar bleiben und dokumentieren die geleistete Arbeit innerhalb des Projektthemas: Leben, Tod und Trauer.

5. Literaturhinweise

Julian Baggini: Die großen Fragen – Ethik. Berlin/Heidelberg: Springer Verlag, 2014.

Simon Blarkburn: Gut sein, eine kurze Einführung in die Ethik. Darmstadt: Primus Verlag, 2009, 2. Auflage.

Rainer Erlinger: Moral – wie man richtig lebt. Frankfurt: S. Fischer Verlag, 2011.

Fachlehrplan Grundschule, Kultusministerium Sachsen-Anhalt. Ethik.

Das Große Handbuch zur Bibel, Hrsg. Pat und David Alexander. Wuppertal: Brockhaus Verlag, katholisches Bibelwerk, 2003, 2. Auflage.

Bettina Hugenschmidt/Anne Technau: Methoden schnell zur Hand. 66 schüler- und handlungsorientierte Unterrichtsmethoden. Stuttgart: Klett Verlag, 2006.

Heinz Klippert: Besser lernen. Kompetenzvermittlung und Schüleraktivierung im Schulalltag. Stuttgart: Klett Verlag, 2011, 5. Auflage.

Antje Köhler: Ethik Klasse 2. Ich und meine Welt (Arbeitsheft). Leipzig: Militzke Verlag, 2011.

Michelle Meier-Metz/Steffi Rauch: Ethik Klasse 2: Ich bin wichtig (Arbeitsheft). Leipzig: Militzke Verlag, 2011.

Frank Müller: Selbstständigkeit fördern und fordern. Handlungsorientierte Methoden – praxiserprobt, für alle Schularten und Schulstufen. Weinheim: Beltz Verlag, 2004.

Rahmenlehrplan Grundschule: Teilrahmenplan Ethik. Ministerium für Bildung, Wissenschaft und Kultur Rheinland-Pfalz. Mainz 2012.

Winfried Röser: 55 Stundeneinstiege Ethik. 1.–4. Klasse. Donauwörth: Auer Verlag, 2011.

Winfried Röser: Ethik. 2. Klasse. Bergedorfer Kopiervorlagen. Buxtehude: Persen Verlag, 2012.

Winfried Röser: Ethik. 3./4. Klasse. Bergedorfer Kopiervorlagen. Buxtehude: Persen Verlag, 2010.

Winfried Röser: Stationenlernen Ethik 5./6. Klasse. Hamburg: Persen Verlag, 2014.